W0094226

Auszeit vom Job

Elternzeit, Pflegezeit, Sabbatical & Co.

Anja Mumm, Nicole Jähnichen

1. Auflage

HAUFE.

Inhalt

Auszeit für sich selbst

Vorwort

Fast 60 Prozent aller Arbeitnehmer wünschen sich eine Auszeit vom Job. Die Motive dahinter sind vielfältig: Der eine braucht Zeit für den Nachwuchs und das Familienleben, die andere für die schwer erkrankte Mutter, wieder ein anderer möchte dem stressigen Job für eine Weile den Rücken kehren. Manchmal sind es sogar mehrere Gründe auf einmal. Ob Sabbatical, Krankenpflege oder Babypause – was immer auch der Anlass ist, eines ist allen Auszeiten gemein: Sie sind ein Einschnitt im Leben. Man lässt für eine Weile das Gewohnte hinter sich, um etwas komplett Neues zu beginnen. Und das wiederum bedeutet für viele Unsicherheit.

Wie lässt sich die Auszeit bei Ihrem Arbeitgeber durchsetzen? Wie organisieren Sie sie am besten? Wie finanzieren Sie das Ganze? Wo finden Sie Unterstützung? Wie halten Sie sich den Weg zurück in den Job offen? Wie gehen Sie mit der »Lücke« im Lebenslauf um? Antworten auf diese Fragen und viele, viele mehr hält dieser TaschenGuide parat.

Zahlreiche Checklisten, nützliche Adressen, Tipps und Fallbeispiele aus dem echten Leben helfen Ihnen dabei, den Sprung ins Ungewisse mit dem notwendigen Wissen zu wagen.

Viel Erfolg dabei wünschen Ihnen

Anja Mumm und Nicole Jähnichen

Zeit für den Nachwuchs

Die Geburt eines Kindes stellt alles auf den Kopf. War früher die Karriere wichtig, rückt für die frisch gebackenen Eltern jetzt das Familienleben in den Vordergrund. Dabei ist Familie nicht mehr nur Müttersache. Immer mehr Väter nehmen sich eine Auszeit vom Job, wenn der Nachwuchs da ist.

In diesem Kapitel erfahren Sie u. a.,

- welche Rechte Sie in der Babypause haben,
- wie sich die Familienauszeit finanzieren lässt,
- wie Sie den Spagat zwischen Kind und Karriere meistern.

Für Sie und Ihr Kind: der Beginn eines neuen Lebens

»Schatz, ich bin schwanger!« – fallen diese Worte, beginnt eine neue, sehr aufregende Phase im Leben eines Paares. Sie ist nicht nur verbunden mit großen Emotionen, sondern auch mit einschneidenden Veränderungen im Alltag und obendrein mit einer gehörigen Portion Unsicherheit. Erfahrungsgemäß unterschätzen die meisten Eltern die Veränderungsmacht, die ein Kind hat. Die Rollen wechseln: Aus einem Paar werden Eltern. Das Miteinander wird ein anderes. Plötzlich ist man nicht mehr nur für sich alleine verantwortlich. Man kann nicht mehr nur tun, was man selbst möchte. Das Kind gibt den Rhythmus vor, zumindest für eine ganze Weile. Schlafmangel und Unsicherheit, wie man mit einem so kleinen Wesen am besten umgeht, tun ihr Übriges. Die volle Konzentration auf den Beruf ist in der Regel nicht mehr möglich. War früher alles unbeschwert und leicht, steht man nun vor solch ernsten Fragen wie den folgenden:

- Wie wird der Arbeitgeber die frohe Botschaft aufnehmen?
- Wer bleibt erst einmal zu Hause und kümmert sich um das neue Familienmitglied?
- Und wie lange soll die Auszeit dauern?
- Ist der Job, den man hat, kompatibel mit der neuen Rolle als Mutter und Vater?
- Wie finanziert man die kleine Familie?

Auf all diese Fragen und viele mehr gibt es weder richtige noch falsche Antworten. Jeder muss eine für sich stimmige Lösung finden. Einfach ist der Spagat zwischen Kind und Karriere nicht; es wird aber leichter mit einer ausführlichen Reflexion und dem notwendigen rechtlichen Know-how.

Sehen wir uns zunächst den rechtlichen Spielraum an, den Sie als werdende bzw. frisch gebackene Eltern haben, wenn es um eine Familienauszeit geht.

Die Elternzeit: Kinderpause für Angestellte

Der Gesetzgeber hat die Elternzeit eingeführt, damit sich Angestellte eine Auszeit für den Nachwuchs nehmen oder für eine Weile zumindest beruflich kürzertreten können, ohne ihren Job zu riskieren. Unter den Elternzeitlern ist ein Netz mit doppeltem Boden gespannt: Sie sind nahezu unkündbar und sie haben ein Recht darauf, nach der Babypause in das Unternehmen zu einem zumindest vergleichbaren Arbeitsplatz zurückzukehren.

Elternzeit ist nicht nur für Eltern da: wem sie zusteht

Nicht nur die leiblichen Eltern haben Anspruch auf die Elternzeit. Auch Adoptiveltern, Großeltern, nahe Verwandte, Pflege- und Stiefväter/-mütter können sie bei ihrem Arbeitgeber beantragen, wenn sie die folgenden Voraussetzungen erfüllen.

1. Sie leben mit dem Kind in einem gemeinsamen Haushalt.

2. Sie erziehen und betreuen das Kind überwiegend selbst.

3. Sie arbeiten während der Elternzeit durchschnittlich nicht mehr als 30 Stunden pro Woche.

Elternzeit kann jeder beanspruchen, der sich in einem Arbeitsverhältnis befindet, egal ob er in Vollzeit, Teilzeit, befristet oder geringfügig beschäftigt ist. Auch Auszubildenden und Umschülern steht dieses Recht zu.

Keine Rolle spielt, wo Sie während der Elternzeit gemeldet sind oder sich aufhalten. Sie können die Babypause also auch im Ausland verbringen, ohne den Anspruch zu riskieren.

Wie lange?

Elternzeit gibt es für Sie und Ihren Partner pro Kind insgesamt für einen Zeitraum von drei Jahren. Werden Mehrlinge geboren, gilt für jedes Kind eine dreijährige Elternzeit. Wechseln Sie während der Elternzeit den Job, können Sie die Elternzeit zum neuen Arbeitgeber »mitnehmen«.

Für Mütter gibt es zusätzlich noch Mutterschutz, der sich auf die Länge der Elternzeit auswirkt. Er gilt sechs Wochen vor und acht bzw. sogar 12 Wochen nach der Geburt (Näheres dazu im Kapitel »Das Mutterschaftsgeld«). In dieser Zeit müssen sie nicht arbeiten. Die Mutterschutzwochen nach der Geburt werden auf die Gesamtdauer der Elternzeit angerechnet. Das heißt: Die

Elternzeit reduziert sich damit um acht bzw. um 12 Wochen. Umgehen lässt sich diese Anrechnung, wenn der Vater zunächst in Elternzeit geht.

Wie man sich die Elternzeit einteilen kann

12 Monate Elternzeit müssen in den ersten drei Lebensjahren des Kindes verbraucht werden. Die restlichen 24 Monate können auch noch ab dem dritten Geburtstag bis zum vollendeten achten Lebensjahr des Kindes genommen werden. All das können Sie – theoretisch – durchsetzen, auch wenn Ihr Arbeitgeber damit nicht einverstanden ist. Sie müssen ihn zwar über die Elternzeit informieren (siehe hierzu das Kapitel »Formalien, die Sie beachten sollten«), seine Zustimmung brauchen Sie jedoch nicht.

> Ist Ihr Kind vor dem Juli 2015 geboren, gilt noch eine strengere Regelung: Hier kann nur ein Anteil von bis zu zwölf Monaten der Elternzeit auf die Zeit bis zur Vollendung des achten Lebensjahres des Kindes übertragen werden. Sie brauchen dafür die Zustimmung des Arbeitgebers.

Für Adoptiv- bzw. Pflegeeltern läuft die volle Drei-Jahresfrist ab der Aufnahme des Kindes. Sie gilt bis zu dessen achtem Lebensjahr.

Die Partner können die Elternzeit gleichzeitig nehmen oder versetzt. Oft ist es auch so, dass der Besserverdienende ganz auf die Auszeit verzichtet, während der andere die gesamte Elternzeit nimmt. Als einzige Beschränkung bei der Verteilung gilt: Jeder muss die auf ihn entfallende Elternzeit in maximal drei Abschnitte aufteilen. Nur wenn der Arbeitgeber zustimmt, können mehr Zeitintervalle beantragt werden.

Überlegen Sie gut, wie Sie sich die Zeit einteilen: Ist ein Zeitraum einmal beantragt worden, ist man daran gebunden. Verlängert oder verkürzt werden kann dann nur noch mit Zustimmung des Arbeitgebers.

Wer einen großen Teil seiner Elternzeit erst später nehmen möchte, sollte Folgendes wissen: Die Versicherungspflicht in der Arbeitslosenversicherung besteht nur so lange, wie ein Kind unter drei Jahren erzogen wird. Wenn Sie mehr als 12 Monate Elternzeit zwischen dem dritten und achten Geburtstag des Kindes nehmen, kann sich dies negativ auswirken, wenn Sie direkt nach der Elternzeit Ihren Job verlieren. Durch die längere versicherungsfreie Pause erfüllen Sie dann nämlich nicht mehr die für das Arbeitslosengeld erforderliche Mindestversicherungszeit.

Verlängern

Stellen Sie fest, dass die beantragte Elternzeit zu kurz ist, können Sie einen Verlängerungsantrag bei Ihrem Arbeitgeber stellen. Dabei sind Sie auf dessen Zustimmung angewiesen. Nach Lust und Laune entscheiden darf der Chef über den Verlängerungsantrag jedoch nicht. Er muss Ihre Interessen mit seinen eigenen abwägen und jeweils angemessen berücksichtigen. Der Arbeitgeber ist also de facto gezwungen zuzustimmen, wenn der Verlängerung keine betrieblichen Belange entgegenstehen.

> Sie sollten sich nicht mit einem pauschal gehaltenen Ablehnungs-
> schreiben zufriedengeben. Sie haben ein Recht darauf, die Gründe für
> das Nein zu erfahren. Fragen Sie also intensiv nach, wenn Ihr Chef Ihren
> Wunsch pauschal mit »Das geht nicht!« abschmettert.

Keine Zustimmung brauchen Sie, wenn die beantragte Elternzeit innerhalb der ersten drei Lebensjahre des Kindes endet
und Sie für die nachfolgende Zeit noch einmal erneut Elternzeit
beantragen.

BEISPIEL

Anna Leise wollte eigentlich spätestens, wenn ihr Sohn Lukas zwei
geworden ist, wieder arbeiten. Nun stellt sie fest, dass ihr die nahende
Rückkehr in den Job Bauchschmerzen bereitet. Sie würde gerne noch
ein Jahr länger zu Hause bleiben, bis Lukas in den Kindergarten geht.
Sie stellt daher sieben Wochen vor Ablauf des zweijährigen Elternzeit-
blocks einen neuen Antrag bei ihrem Arbeitgeber. Eine Zustimmung
ihres Arbeitgebers braucht sie nicht, da es sich nicht um eine Verlängerung, sondern um eine Neubeantragung handelt.

Verkürzen

Wer die ursprünglich beantragte Elternzeit verkürzen möchte,
braucht dazu die Zustimmung seines Arbeitgebers. Lehnt dieser
ab, bleibt meist nur noch der Gang vor Gericht. Dort sollte man
gute Gründe für seinen Verkürzungswunsch vorbringen können,
denn die Richter des Arbeitsgerichtes zwingen Arbeitgeber nur
dann per Urteil zur Zustimmung, wenn ein sog. Härtefall vorliegt, so z. B., wenn der Partner arbeitslos wird und dadurch das
Familieneinkommen unter das Existenzminimum rutscht oder

wenn der andere Elternteil schwer erkrankt ist und deswegen seinen Job aufgeben muss.

Formalien, die Sie beachten sollten

Spätestens sieben Wochen vorher muss der Arbeitgeber von Ihrem Plan, Elternzeit zu nehmen, erfahren, und zwar schriftlich. Eine mündliche Erklärung reicht nicht. Werden diese Formalien nicht eingehalten, verschiebt sich der Beginn der Elternzeit entsprechend nach hinten. Keine Sorge: Ein Verstoß hat nicht etwa zur Folge, dass Ihr Anspruch auf Elternzeit entfällt!

> Beantragen Sie Elternzeit für die Zeit zwischen dem dritten und dem achten Geburtstag Ihres Kindes, ist die Frist noch länger, nämlich 13 Wochen.

Ein Schreiben an den Arbeitgeber kann so aussehen:

An die Personalabteilung

(Datum)

Elternzeit

Sehr geehrte Damen und Herren,

für mein Kind ... (Vorname und Familienname, falls nicht gleichlautend mit Ihrem), geb. am ... (Variante: errechneter Geburtstermin: ...), beanspruche ich Elternzeit, und zwar

vom ... (Variante: ab der Geburt) bis zum ...

(Zusatz, falls Sie die Elternzeit in zwei oder drei Abschnitte einteilen wollen: und vom ... bis zum ...)

Ich bestätige, dass mein Kind mit mir in einem Haushalt lebt und von mir selbst betreut und erzogen wird.

(Zusatz, falls Sie in der Elternzeit einer Teilzeittätigkeit nachgehen wollen:

Während meiner Elternzeit vom ... bis zum ... möchte ich bei Ihnen in Teilzeit im Umfang von ... Wochenstunden arbeiten.

Meine wöchentliche Arbeitszeit bitte ich wie folgt zu verteilen:

- Montag: von ... Uhr bis ... Uhr,
- Dienstag: von ... Uhr bis ... Uhr.

Ich freue mich auf Ihre schriftliche Bestätigung bis zum .... Sollten Sie Einwände gegen meine Arbeitszeitwünsche haben, stehe ich Ihnen gerne für ein klärendes Gespräch zur Verfügung.)

Mit freundlichen Grüßen (Unterschrift)

Arbeiten in der Elternzeit

So ganz ohne Arbeit? Für viele ist das nicht vorstellbar oder aus finanziellen Gründen nicht möglich. Geht es Ihnen auch so, ist vielleicht die sog. Elternteilzeit etwas für Sie. Diesen Anspruch auf eine Teilzeittätigkeit von im Durchschnitt maximal 30 Stunden haben Sie, wenn

- Sie vor der Elternzeit bereits mindestens sechs Monate durchgehend bei Ihrem Arbeitgeber beschäftigt waren,

- dieser mehr als 15 Arbeitnehmer – ohne Auszubildende – hat und

- Sie einen schriftlichen Antrag auf Elternteilzeit gestellt haben, in dem eine Arbeitszeit von mindestens 15 bis maximal 30 Wochenstunden über einen zusammenhängenden Zeitraum von mindestens zwei Monaten angegeben ist.

Liegen all diese Voraussetzungen vor, muss Ihr Arbeitgeber Ihren Wunsch erfüllen – es sei denn, er kann dringende betriebliche Gründe nennen, weshalb das nicht geht. Die Gerichte sind sehr anspruchsvoll, was solche Gründe anbelangt.

Die Elternteilzeit muss übrigens nicht bei Ihrem Arbeitgeber stattfinden. Sie können bis zu 30 Wochenstunden auch in einem anderen Unternehmen arbeiten oder in diesem Umfang Ihr Glück als Selbstständiger versuchen. Auch diese Formen der Elternteilzeit müssen Sie sich per Antrag bei Ihrem Arbeitgeber genehmigen lassen. Ablehnen kann er Ihren Wunsch wiederum nur aus dringenden betrieblichen Gründen. Sein Veto darf er also nur in gravierenden Fällen einlegen, so z.B., wenn Sie beim ärgsten Konkurrenten des Unternehmens arbeiten wollen.

Aussitzen kann Ihr Chef die Entscheidung über Ihren Antrag nicht. Er muss sich innerhalb von vier Wochen bzw. acht Wochen (bei Kindern von drei bis acht Jahren) äußern. Tut er das nicht, gilt der Antrag als genehmigt.

Warum Elternzeit vor Kündigung schützt

Wer in Elternzeit ist, steht unter besonderem Kündigungsschutz. Sie müssen daher grundsätzlich keine Angst haben, Ihren Arbeitsplatz im Unternehmen zu verlieren, während Sie sich der Familie widmen. Die Betonung liegt auf »grundsätzlich«. Eine Kündigung ist in bestimmten Ausnahmefällen zulässig, und zwar dann, wenn Ihr Chef sich dazu die Zustimmung der zuständigen Aufsichtsbehörde holt. Er hat nur dann die Chance auf eine solche Zustimmung, wenn

- die Abteilung oder der ganze Betrieb stillgelegt wird oder

- Ihr Arbeitsverhältnis seine wirtschaftliche Existenz gefährdet oder

- Sie in schwerer Weise gegen Ihre arbeitsrechtlichen Pflichten verstoßen haben und dem Arbeitgeber dadurch Ihre weitere Beschäftigung unzumutbar ist, so z. B. wenn Sie Ihrem Chef vorsätzlich schaden.

Vor der Entscheidung der Aufsichtsbehörde gibt es ein Anhörungsverfahren mit allen Beteiligten und der Möglichkeit zur Stellungnahme. Danach entscheidet das Amt schriftlich mit Begründung.

Flattert Ihnen in der Elternzeit eine Kündigung ins Haus, heißt es, rasch zu handeln. Sie müssen innerhalb von drei Wochen Klage beim für Sie zuständigen Arbeitsgericht erheben. Tun Sie das nicht, können Sie die Kündigung nicht mehr aus der Welt schaffen, auch wenn sie völlig haltlos ist. Welches Gericht für Sie zuständig ist, erfahren Sie über die Website www.justiz.de/OrtsGerichtsverzeichnis.

Und danach? Alles so wie vorher oder ganz anders?

Kinder als Karriereknick? Wer Nachwuchs bekommt und deswegen beruflich längere Zeit pausiert, muss leider immer noch so einige Nachteile in Kauf nehmen. Vor allem in Führungspositionen wirken sich längere Pausen negativ aus. Wenn Sie nach der Elternzeit zurückkommen, haben Sie zwar Anspruch auf einen gleichwertigen Arbeitsplatz. Aber genau in diesem harmlos wirkenden Wörtchen »gleichwertig« liegt die Crux: Das Unternehmen muss Ihnen Ihren alten Job nicht freihalten. Ein Recht auf dieselbe Stelle wie vorher haben Sie nämlich nicht.

Eine gleichwertige Tätigkeit

Was aber ist »gleichwertig« genau? Sie ahnen es sicherlich schon: Dieser Begriff ist ziemlich dehnbar – allerdings nicht unbegrenzt. Eine neue Tätigkeit muss im Wesentlichen dem entsprechen, was im Arbeitsvertrag und in Ihrer Stellenbeschreibung festgeschrieben ist und was Sie zuvor geleistet haben. Dabei spielen Qualifikation, Bezahlung, Arbeitszeit und -ort eine Rolle.

Lesen Sie deswegen Ihren Arbeitsvertrag und Ihre Stellenbeschreibung genau. Je detaillierter diese Unterlagen festschreiben, wo und wie Sie eingesetzt werden, desto eingeschränkter ist Ihr Arbeitgeber, wenn er Ihnen eine neue Stelle zuweisen will.

BEISPIEL

Marleen Mai ist Sachbearbeiterin bei einer Versicherung. Ein Jahr lang war sie nach der Geburt ihres Sohnes in Elternzeit. Nun freut sie sich auf ihren alten Job und die Kollegen. Einen Monat vor dem Wiedereinstieg bittet sie ihr Chef zum Gespräch. Er eröffnet ihr, dass sie jetzt im Außendienst arbeiten soll. Sie ist entsetzt und versucht ihren Vorgesetzten zu überreden, diese Entscheidung rückgängig zu machen. Doch der bleibt hart: Man habe die alte Stelle bereits wieder neu besetzt und für sie im Innendienst daher keine Verwendung mehr. Ein Blick in die Stellenbeschreibung zeigt: Dort steht ausdrücklich »Sachbearbeitung«, als Einsatzort ist die »Hauptverwaltung« genannt.

Rechtlich sieht es so aus: Hält ihr Chef an seinem Plan fest, braucht er ihre Zustimmung dazu, denn die Zuweisung dieser neuen Tätigkeit ist eine sog. Änderungskündigung. Sie bedarf eines guten Grundes, wenn das Kündigungsschutzgesetz greift. Recht haben heißt jedoch noch lange nicht, Recht zu bekommen. Frau Mai könnte nun einen Fachanwalt für Arbeitsrecht einschalten, der ihren Anspruch auf den Job in der Sachbearbeitung vor dem Arbeitsgericht durchsetzt. Doch das hinterlässt oft verbrannte Erde. Manchmal hilft es in solchen Fällen auch schon, einen gemeinsamen Termin mit dem Betriebsrat zu vereinbaren, der vermittelnd tätig sein kann – und erst, wenn das nicht fruchtet, einen Anwalt einzuschalten.

Wenn Sie längere Zeit pausieren

Bleiben Sie über die maximale Elternzeit hinaus daheim, ist Ihr Arbeitgeber von Gesetzes wegen nicht mehr verpflichtet, Ihnen den Job freizuhalten. Vielleicht können Sie ja mit ein wenig Verhandlungsgeschick durchsetzen, etwas länger zu pausieren, um dann trotzdem ins Unternehmen zurückkehren zu können. Lassen Sie sich eine solche Vereinbarung dann aber in jedem Fall schriftlich geben.

Künftig nur noch Teilzeit?

Wenn sich während der Elternzeit oder sogar bereits vor der Geburt des Kindes abzeichnet, dass Sie nach der Pause von einem Vollzeit- auf einen Teilzeitjob wechseln wollen, sollten Sie dies

Ihrem Arbeitgeber frühzeitig ankündigen. Nach dem Teilzeit- und Befristungsgesetz müssen Sie Ihren Wunsch mindestens drei Monate vor Ablauf Ihrer Elternzeit mitteilen.

Antrag auf Teilzeit

An die Personalabteilung

Sehr geehrte Damen und Herren,

vom ... (genaues Datum) an möchte ich bei Ihnen eine Teilzeitbeschäftigung im Umfang von ... Wochenstunden ausüben.

Meine wöchentliche Arbeitszeit bitte ich wie folgt zu verteilen:

- Montag: von ... Uhr bis ... Uhr,
- Mittwoch: von ... Uhr bis ... Uhr,

Ich freue mich auf Ihre schriftliche Bestätigung bis zum .... Sollten Sie Einwände gegen meine Arbeitszeitwünsche haben, stehe ich Ihnen gerne für ein klärendes Gespräch zur Verfügung.

Mit freundlichen Grüßen

(Unterschrift)

Sehr gute Chancen, dass man Ihrem Antrag zustimmt, haben Sie, wenn

- Ihr Arbeitsverhältnis vor der Elternzeit länger als sechs Monate bestanden hat und

- Sie in einem Unternehmen arbeiten, das in der Regel mehr als 15 Mitarbeiter exklusive Auszubildender beschäftigt.

Denn dann haben Sie nach dem Teilzeit- und Befristungsgesetz sogar einen Anspruch auf einen Teilzeitjob. Ihr Chef darf diesen Wunsch nur ablehnen, wenn dagegen betriebliche Gründe sprechen. Irgendwelche Gründe dürfen das nicht sein; sie müssen rational und nachvollziehbar sein. Führt Ihr Arbeitgeber z. B. an, dass Ihr Wunsch bei ihm zu unverhältnismäßig hohen Kosten führt oder organisatorisch nicht möglich ist, muss er dies, wenn es zu einem Gerichtsverfahren kommt, auch begründen können.

Ignorieren sollte der Chef Ihren Antrag nicht. Er muss Ihnen spätestens einen Monat vor dem von Ihnen gewünschten Beginn schriftlich mitteilen, ob er der Teilzeit zustimmt oder nicht. Macht er das nicht, gilt Ihr Antrag als genehmigt.

Babypause für Selbstständige

Für Selbstständige gibt es ein Netz, wie es die Elternzeit spannt, leider nicht. Da sie ihr eigener Chef sind, müssen sie ihre Auszeit so planen, dass sowohl das eigene Unternehmen als auch das Kind nicht zu kurz kommen. Die Türen der eigenen Firma einfach mal so sechs Monate oder mehr zuzusperren und ein Schild mit der Aufschrift »Babypause bis …« daran zu hängen, funktioniert in der Realität nicht – zumindest dann nicht, wenn das Unternehmen danach noch existieren soll. Noch schwieriger wird es, wenn Sie Angestellte beschäftigen, die von Ihnen abhängig sind.

Je größer Ihr Unternehmen ist und je mehr Aufträge Sie haben, desto ausführlicher sollten Sie Ihre Babypause planen.

- Sind Sie Einzelkämpfer und können Sie Ihre Aufträge genau terminieren? Vielleicht gelingt es Ihnen dann, sich ein paar Monate für den Nachwuchs freizuschaufeln.

> Achtung Liquiditätsfälle: Ruht Ihre Tätigkeit auf diese Weise und haben Sie in dieser Phase auch keine Einnahmen, sollten Sie mit einem entsprechenden Antrag beim Finanzamt erwirken, dass Sie in dieser Zeit keine Einkommensteuervorauszahlungen leisten müssen.

- Soll alles in Ihrer Abwesenheit möglichst weiterlaufen wie bisher, müssen Sie sich um jemanden kümmern, der in dieser Zeit Ihren Job macht. Kalkulieren Sie eine längere Einarbeitungs- und Übergabephase ein. Arbeiten Sie vertrauensvoll mit Kunden oder Klienten zusammen, sollten Sie auch Zeit einplanen, um Ihre Vertretung dort bekannt zu machen.

- Viele Selbstständige können Familie und Job langfristig nur mit fremder Hilfe unter einen Hut bringen. Kümmern Sie sich am besten bereits vor der Geburt Ihres Kindes um eine Betreuungsmöglichkeit. Plätze in guten Kindertagesstätten sind immer noch rar und die Wartelisten sind lang.

Finanzierung

Das klassische Modell »Paar bekommt Kind, Mutter bleibt zu Hause, Vater geht weiter arbeiten« findet heute zunehmend weniger Anhänger. Immer mehr Frauen steigen nach einer einjährigen Auszeit wieder in den Job ein. Immer mehr Männer nehmen sich die sog. Vätermonate. Gründe für diese Entwicklung gibt es viele, einer davon ist sicherlich auch ein finanzieller, nämlich in Gestalt des Elterngeldes.

Das Mutterschaftsgeld

Sechs Wochen vor dem errechneten Entbindungstermin beginnen für Arbeitnehmerinnen die Mutterschutzfristen. Sie enden acht Wochen bzw. 12 Wochen (bei Mehrlings- und Frühgeburten und seit Januar 2018 auch bei einer Behinderung des Kindes) nach der Geburt.

In diesem Zeitraum müssen Sie nicht arbeiten. Sie erhalten aber trotzdem das volle Nettogehalt. Genau genommen landet in dieser Zeit nicht das Gehalt, sondern das sog. Mutterschaftsgeld der Krankenversicherung auf Ihrem Konto. Diese maximal 13 Euro pro Tag stockt der Arbeitgeber dann auf Ihr bisheriges Nettoeinkommen auf.

> Anfang 2018 ist der Kreis derjenigen Frauen, denen Mutterschutz und damit auch Mutterschaftsgeld zusteht, erweitert worden: Nicht nur Arbeitnehmerinnen kommt er zugute, sondern z.B. auch arbeitnehmerähnliche Selbstständige, Praktikantinnen und Heimarbeiterinnen profitieren davon.

Gesetzlich Krankenversicherte erhalten das Mutterschaftsgeld automatisch, freiwillig gesetzlich Versicherte nur auf Antrag bei der Krankenkasse. Privat versicherte Mütter in einem sozialversicherungspflichtigen Arbeitsverhältnis bekommen zwar kein Mutterschaftsgeld von ihrer Krankenversicherung, allerdings erhalten sie auf Antrag 210 Euro als Einmalzahlung vom Bundesversicherungsamt, das sog. PKV-Mutterschaftsgeld (www.bundesversicherungsamt.de/mutterschaftsgeld.html). Zusätzlich gibt es auch hier noch den Arbeitgeberzuschuss.

Sind Sie selbstständig und freiwillig gesetzlich versichert, erhalten Sie Mutterschaftsgeld nur, wenn Sie bei Ihrer Krankenkasse einen Tarif mit Anspruch auf Krankentagegeld haben. Unternehmerinnen, die privat versichert sind, können beim Bundesversicherungsamt ein einmaliges Mutterschaftsgeld in Höhe von 210 Euro beantragen und haben – je nach Tarif – eventuell einen Anspruch auf Krankentagegeld.

Das Elterngeld

Wenn Sie sich nach der Geburt eine Auszeit nehmen, erhalten Sie eine staatliche Förderung in Gestalt des Elterngeldes, und zwar, wenn Sie folgende Voraussetzungen erfüllen:

- Sie leben gemeinsam mit dem Kind in einem Haushalt.

- Sie betreuen und erziehen dieses Kind.

- Sie arbeiten nicht oder durchschnittlich nicht mehr als 30 Stunden pro Woche.

Das Schöne: Nicht nur Angestellte haben Anspruch darauf, sondern auch Selbstständige, Arbeitslose, Hausfrauen und Hausmänner sowie Beamte. Auch Auszubildende und Studierende können es beantragen. Die einzige Ausnahme: Wer im Jahr zusammen mit seinem Ehe- oder Lebenspartner über 500.000 Euro brutto verdient, hat kein Anrecht darauf.

Wie lange wird es gezahlt?

Das Elterngeld, genauer genommen das sog. Basis-Elterngeld, wird für 12 Monate gezahlt.

> Mit Monaten sind hier die Lebensmonate des Kindes und nicht Kalendermonate gemeint. Ist Ihr Kind am 30.8. geboren und beantragen Sie Elterngeld ab dem 3. Lebensmonat, wird das Elterngeld erst ab dem 30.11. und nicht schon am 1.11. gezahlt. Diese Besonderheit sollten Sie beachten, wenn Sie Elternzeit nehmen.

Zusätzliche zwei Monate Elterngeld gibt es, wenn sich auch der andere Elternteil an der Kinderbetreuung beteiligt und mindestens zwei Monate zu Hause bleibt. Die dann insgesamt 14 Monate können sich die Eltern untereinander frei aufteilen. Sie können auch gleichzeitig Elterngeld in Anspruch nehmen. Auch für Alleinerziehende gibt es zwei Monate mehr.

Wie viel wird gezahlt?

Wie hoch das Elterngeld ausfällt, bestimmt sich nach dem Einkommen, das man in den letzten 12 Kalendermonaten vor der Geburt des Kindes hatte. Mutterschutzfristen oder Elternzeitmonate für ein anderes Kind werden dabei nicht berücksichtigt. Es wird dann zeitlich weiter zurückgerechnet.

- Bei Angestellten wird das Elterngeld auf Basis der Gehaltsbescheinigungen ermittelt.

- Bei Selbstständigen ist Grundlage der Steuerbescheid des letzten abgeschlossenen Veranlagungszeitraums vor der Geburt. Liegt der Bescheid noch nicht vor, können Sie auch eine Einnahmen-Überschuss-Rechnung oder eine Bilanz einreichen. Auf deren Grundlage wird das Elterngeld dann vorläufig festgesetzt.

Von dem so ermittelten Brutto-Verdienst werden dann Steuern und Sozialabgaben abgezogen, um das Nettoeinkommen zu berechnen, das mit dem Elterngeld prozentual ersetzt werden soll. Um das Nettogehalt im maßgeblichen Zeitraum möglichst hoch ansetzen zu können, lohnt es sich, sofort nach Beginn der Schwangerschaft die günstigste Steuerklasse zu wählen.

Nettoeinkommen	Höhe des Elterngeldes in Prozent vom Nettoeinkommen
1.240 Euro und mehr	65 %, maximal jedoch 1.800 Euro
Bis zu 1.220 Euro	66 %
Zwischen 1.000 Euro und 1.200 Euro	67 %
Unter 1.000 Euro	Von 67 % bis 100 % gestaffelt, mindestens 300 Euro (pro 2 Euro, die das Einkommen unter 1.000 Euro lag, erhöht sich die Ersatzrate um 0,1 Prozentpunkte)
Kein Einkommen	300 Euro

Bei Mehrlingsgeburten erhöht sich das Elterngeld um 300 Euro pro weiteres Kind. Zusätzlich gibt es einen Geschwisterbonus, wenn im Haushalt noch weitere kleine Kinder leben: Für ein zweites, noch nicht drei Jahre altes Kind wird das Elterngeld um 10 %, mindestens aber um 75 Euro, erhöht. Bei drei oder mehr Kindern im Haushalt wird dieser Bonus so lange gezahlt, solange zwei ältere Geschwisterkinder das 6. Lebensjahr noch nicht vollendet haben.

Das ElterngeldPlus und der Partnerschaftsbonus

Wer während der Elternzeit berufstätig ist, also Teilzeit arbeitet, kann die Elternzeit verlängern, indem er aus einem Elterngeld-Monat zwei Elterngeld-Plus-Monate macht. Das ElterngeldPlus kann maximal 24 Monate, mit Vätermonaten 28 Monate lang bezogen werden.

Wer gemeinsam mit seinem Partner in der Elternzeit vier Monate parallel jeweils zwischen 25 und 30 Wochenstunden arbeiten geht, erhält den Partnerschaftsbonus, der mit vier zusätzlichen ElterngeldPlus-Monaten zu Buche schlägt. Das heißt, beide Eltern können damit bis zu 32 Monate mit staatlicher Hilfe in Teilzeit arbeiten.

Alle Varianten können auch miteinander kombiniert werden. Sie haben es sicherlich schon bemerkt: es gibt je nach Lebenssituation unzählige Möglichkeiten und die Kombination der Leistungen ist höchst kompliziert. Welcher Mix sich für Sie und

Ihren Partner lohnt, können Sie mithilfe des Elterngeldrechners des Bundesfamilienministeriums herausfinden:

www.familien-wegweiser.de/ElterngeldrechnerPlaner.

Der Antrag auf Elterngeld

Jedes Bundesland hat ein anderes Antragsformular für das Elterngeld. Und auch eine bundesweit zuständige Elterngeldstelle gibt es nicht. Die für Sie verantwortliche Behörde ermitteln Sie, indem Sie in Ihre Internetsuchmaschine die folgenden Suchbegriffe eingeben »Ihr Wohnort+Elterngeldstelle«.

Den Antrag können Sie grundsätzlich erst stellen, wenn das Kind geboren ist, denn Sie brauchen dafür die Geburtsbescheinigung. Lassen Sie sich nach der Geburt jedoch nicht allzu viel Zeit mit dem Antrag. Rückwirkend wird Elterngeld nämlich nur für drei Monate gezahlt. Möchten Sie es also ab der Geburt geltend machen, müssen Sie den Antrag spätestens am letzten Tag des 4. Lebensmonats des Kindes bei der Behörde stellen.

Wichtige Unterlagen für Ihren Antrag

Dokumente, mit denen Sie Ihr Einkommen nachweisen können:
Das sind bei Angestellten die Gehaltsabrechnungen der letzten zwölf Monate vor der Geburt bzw. weiter in der Vergangenheit liegender Monate (bei Elternzeit für ein älteres Kind). Selbstständige weisen ihren Gewinn mit dem Steuerbescheid des letzten Veranlagungsjahrs nach oder mit einer Einnahmen-Überschuss-Rechnung bzw. Bilanz, falls der Bescheid noch nicht vorliegt.

Bescheinigung der Krankenversicherung zum Mutterschaftsgeld und Bescheinigung über den Arbeitgeberzuschuss zum Mutterschaftsgeld:
Nur gesetzlich Krankenversicherte, die während der Mutterschutzfristen Mutterschaftsgeld bezogen haben, brauchen diese Unterlagen. Die Monate, in denen nach der Geburt Mutterschaftsgeld gezahlt wird, werden nämlich auf den Bezugszeitraum des Elterngeldes angerechnet.

Die Geburtsbescheinigung des Kindes: Diese Bescheinigung mit dem Verwendungswzeck »für Elterngeld« bekommen Sie zusammen mit der Geburtsurkunde beim Standesamt des Geburtsortes – also nicht beim Standesamt Ihres Wohnortes.

Sorgerechtsbeschluss: Alleinerziehende können 14 Monate lang Elterngeld beziehen. Um nachzuweisen, dass sie alleinerziehend sind, sollten sie einen Sorgerechtsbeschluss zur Übertragung des alleinigen Sorgerechts beilegen.

Keine Sorge: Die Unterlagen müssen Sie bei der Antragstellung nicht alle bereits vorliegen haben. Sie können auch nachgereicht werden

Entscheidungshilfen: Welche Lösung ist die beste für Sie?

Nach wie vor wird Elternzeit überwiegend von Frauen in Anspruch genommen. Aber auch immer mehr Väter nutzen zumindest einen Teil der Elternzeit, um den Nachwuchs besser kennenzulernen. Wer über eine Babypause nachdenkt, fragt sich häufig, ob

- man sich überhaupt eine längere Auszeit vom Job erlauben kann, und
- ob damit wohl der berüchtigte Karriereknick einhergeht.

Vor allem die Angst vor dem Karriereknick erfüllt Eltern mit Sorge. Laut einer XING-Umfrage aus dem Jahr 2016 sehen 44 % der Eltern Kinder als Karrierehindernis, 61 % der Frauen sogar als Karrierekiller. Zu ähnlichen Ergebnissen kommt auch das Berliner Wissenschaftszentrum für Sozialforschung: 53 % der von ihm befragten Frauen sind der Ansicht, dass Kinder und Karriere unvereinbar sind.

Ob sich die Elternzeit wirklich so negativ auswirkt, ist sicherlich auch abhängig von ihrer Länge. So wird eine kurze Babypause von zwei bis vier Monaten auch bei Führungskräften in der Regel karriereunschädlich sein. Je länger die arbeitsfreie Zeit jedoch andauert, desto mehr verstärkt sich der negative Effekt: Da dann viele Projekte ohne den in Auszeit befindlichen Elternteil geplant werden und laufen, ist man erst einmal raus aus dem aktiven Geschäft und damit auch aus der Karriereplanung in den Unternehmen – egal, ob Mann oder Frau. Dies gilt vor allem, wenn sich an die Elternzeit fürs erste Kind nahtlos die Pause für das zweite anschließt und somit mehrere Jahre vergehen, bis man zurückkehrt.

Kind oder Karriere? Am besten beides?

Und auch wenn die Frage »Kind oder Karriere?« in ihrer Absolutheit sicherlich heutzutage nicht mehr zutrifft, stehen doch alle Eltern vor dem Problem, wie sie Beruf und Familie miteinander vereinbaren. Denn eines ist gewiss: Der Tag hat nur 24 Stunden, die zwischen diesen Polen ausbalanciert werden müssen. Diese Balance zu halten, ist für viele ein komplizierter und belastender Drahtseilakt: Wer viel arbeitet, weil er es muss oder will, hat schnell das Gefühl, dem Nachwuchs nicht gerecht zu werden und ihn zu vernachlässigen. Wer gar nicht arbeitet, um sich ganz seinen Kindern zu widmen, vermisst nach einer Weile sein altes Berufsleben und fürchtet um seine Karriere.

Reflexion: Was wollen Sie?

Was ist also richtig? Was ist falsch? Antworten auf diese Fragen gibt es in einer solchen Situation nicht, auch wenn uns das vermeintliche Experten und andere, die sich zu Ratschlägen berufen fühlen, suggerieren. Es geht vielmehr darum herauszufinden, wie Sie gemeinsam mit Ihrem Partner Ihr Leben realistisch so organisieren, dass den Wünschen und Bedürfnissen aller Beteiligten so gut wie möglich Rechnung getragen wird: wohlgemerkt, nicht jeweils zu 100 %.

Fangen Sie dazu zunächst mit Ihren Wünschen und Bedürfnissen an. Oft liegen sie gar nicht so offensichtlich auf der Hand, sie sind häufig verschüttet von unseren Ängsten oder Erwartungen anderer. Um sie zu erkennen, hilft eine ausführliche und ehrliche Reflexion. Beantworten Sie in Ruhe und ganz für sich allein die folgenden Fragen. Stellen Sie sich dabei vor, Sie wären wie hypnotisiert und müssten unter allen Umständen die Wahrheit sagen. Ungeschminkt. Egal, was Ihr Umfeld von Ihnen erwartet. Seien Sie also absolut ehrlich zu sich selbst. Welche Antworten Sie konkret an andere preisgeben, entscheiden Sie erst hinterher.

Frage 1: Woher rührt Ihr Wunsch, Kinder zu bekommen?

Wie entstand der Kinderwunsch in Ihnen? Seien Sie ehrlich. Wollten Sie sich schon immer sehnlichst eine große Familie haben und können Sie es gar nicht erwarten, Mutter bzw. Vater zu sein? Oder waren es gar nicht so sehr Ihre Wünsche und Sehnsüchte, sondern die Ihres Partners oder der Eltern? Oder ist es eher der soziale Druck?

BEISPIEL

Brigittes Freundinnen haben mittlerweile alle Nachwuchs. Sie mag Kinder auch sehr gerne, allerdings auch ihren Job, für den sie brennt. Am liebsten würde sie mit einem Baby noch ein paar Jahre warten. Doch ständig bekommt sie zu hören: »Wann ist es denn bei euch soweit? Wär doch so schön, wenn alle unsere Kinder gleich alt wären ...!«

Frage 2: Welche Ängste haben Sie?

Je neuer und ungewohnter eine Situation ist, desto mehr Ängste keimen in uns auf. Angst zu haben, ist also eine ganz normale Sache. Frisch gebackene oder werdende Eltern haben viele davon: Sie haben Angst davor, mit dem Kind und der neuen Situation überfordert zu sein, im Job nicht mehr ernst genommen zu werden, die Familie nicht angemessen ernähren zu können, vielleicht irgendwann alleine mit dem Kind dazustehen. Viele dieser Befürchtungen haben durchaus eine gewisse Berechtigung. Daher sollte man sie auch ernst nehmen und nicht mit ein paar Floskeln einfach auf die Seite schieben.

Was auch immer Ihre Angst ist: Konfrontieren Sie sich damit. Und fragen Sie sich, was wäre, wenn das, wovor Sie Angst haben, wirklich eintritt. Es gibt meist Lösungen, den berühmten Plan B. Allein durch das Vordenken solcher Szenarien verlieren viele Ängste bereits ihren Schrecken.

Wichtig ist, Ängste nicht zur Grundlage seiner Entscheidungen zu machen. Denn Angst ist ein schlechter Ratgeber. Sie führt in der Regel dazu, dass eine wirklich freie Entscheidung nicht möglich ist. Getroffen werden dann die sog. Vermeidungsentscheidungen: Wir entscheiden uns dann nicht aktiv für etwas, das wir wollen, sondern laufen nur vor etwas anderem weg. Zu erkennen sind solche Mechanismen an Gedanken wie: »Weil ich das nicht kann, mach ich das jetzt so«. Zufriedener in Ihrem Leben werden Sie, wenn Sie sich aktiv *für* etwas entscheiden, für etwas, was Ihnen wirklich wichtig ist.

Frage 3: Welche Erwartungen wirken von außen auf Sie ein?

Permanent werden wir mit Erwartungen konfrontiert, die unser näheres Umfeld, aber auch die Gesellschaft an uns herantragen. Oft verinnerlichen wir sie so sehr, dass wir gar nicht mehr darüber nachdenken, ob das auch wirklich unsere Überzeugung oder unser Wunsch ist. Wir übernehmen diese vermeintlichen Wahrheiten unreflektiert. Sie fühlen sich dann so an, als wären es unsere eigenen.

BEISPIEL: PSEUDO-WAHRHEITEN

> Mütter, die arbeiten gehen, sind Rabenmütter.
>
> Mütter, die nicht arbeiten gehen, machen sich zu Hause einen faulen Lenz.
>
> Hausmänner sind Softies und stehen nicht ihren Mann.

Welche Erwartungen hat Ihr Umfeld an Sie? Was sagt Ihr Partner, Ihre Partnerin? Was meinen Ihre Eltern? Ihr sonstiges Umfeld? Wie viele »Du solltest ...«-, »Du musst ...«-, »Du darfst nicht ...«-Aussagen hören Sie von anderen oder tragen Sie seit Ihrer Kindheit mit sich herum?

Vielleicht haben Sie oben bei der Frage 1 zum Kinderwunsch bereits Erwartungen von außen identifiziert. Es melden sich aber sicher noch einige andere Stimmen zu Wort. Schreiben Sie alle auf und fragen Sie sich zu jeder einzelnen: Ist das auch wirklich Ihre Überzeugung? Könnten Sie diese Aussage von ganzem Herzen unterschreiben? Oder regen sich Zweifel in Ihnen? Denken Sie vielleicht ganz anders?

Frage 4: Welche Bedürfnisse haben Sie?

Zufrieden und glücklich wird, wer seine Bedürfnisse kennt und dafür sorgt, dass diese auch erfüllt werden. Bei Frage 3 geht es nur um Sie und das, was Sie sich wünschen, was Sie brauchen: Was ist Ihnen wirklich, wirklich wichtig? Was davon ist essenziell für ein erfülltes Leben? Worauf möchten Sie auch in der Zukunft, also in 5, 10 oder 20 Jahren, auf keinen Fall verzichten?

Machen Sie eine gedankliche Reise in die Zukunft. Kreieren Sie für sich drei völlig unterschiedliche Szenarien, wie diese Zukunft aussehen könnte. Notieren Sie dabei jeweils Ihre Gedanken und Gefühle stichpunktartig.

BEISPIEL

- Szenario 1: Ich nehme die Elternzeit allein, mein Partner bleibt weiter in seinem Vollzeitjob und baut seine Karriere weiter aus. In der Elternzeit bekomme ich ein weiteres Kind und bleibe weiterhin zu Hause.
- Szenario 2: Wir teilen uns die Elternzeit (Quote 20:80), danach kehren wir beide in vollzeitnaher Teilzeit wieder in den Beruf zurück.
- Szenario 3: Wir teilen uns die Elternzeit (Quote 20:80), danach kehrt einer in Vollzeit, der andere in Teilzeit (50 % oder weniger) in den Beruf zurück.

Nun stellen Sie sich das Szenario 1 konkret vor. Wie geht es Ihnen damit, wie sieht Ihr Alltag aus: kurz nach der Geburt, während der Elternzeit, in zwei Jahren, in fünf Jahren? Was wird sein, wenn Ihr Kind in die weiterführende Schule kommt? Und last but not least: Wie wird Ihr Kind seine Kindheit beurteilen, wenn es erwachsen ist?

Das gleiche machen Sie mit dem Szenario 2 und 3.

Vergleichen Sie die Ergebnisse Ihrer Szenarien. Wie sind Ihre Gedanken und Gefühle jeweils? Was mögen Sie an den einzelnen Szenarien? Worüber würden Sie sich freuen? Was würden Sie jeweils wahrscheinlich am meisten vermissen? Was würde Sie jeweils am meisten belasten?

Eine weitere Möglichkeit, Ihren wahren Wünschen und Bedürfnissen auf die Spur zu kommen, ist die Traumreise. Stellen Sie sich dazu folgende Fragen.

Traumreise: Wie wird es sein, wenn alles bestmöglich läuft?
Wie ist Ihr Beruf, wenn sich alles optimal entwickelt?
Wie sind Sie als Mutter/Vater, wenn alles bestmöglich läuft?
Wie läuft es dann in Ihrer Beziehung?
Wie läuft es für Sie selbst, gesundheitlich und auf Ihrer Zufriedenheitsskala?
Wie sieht konkret der bestmögliche Alltag aus? Wann stehen Sie auf, wie geht es weiter, wann kommen Sie nach Hause, was tun Sie dann? Planen Sie Ihren bestmöglichen Alltag von Montag bis Freitag, was tun Sie dann samstags und wie sehen Ihre Sonntage aus.

Reden Sie Klartext mit Ihrem Partner

Sie haben nun mehr Klarheit über Ihre Wünsche, Bedürfnisse und Ängste. Nun ist es Zeit, sich mit Ihrem Partner zusammenzusetzen und zu hören, wie dieser sich die gemeinsame Zukunft mit Kind tatsächlich vorstellt. Und wie diese beiden

Vorstellungen realistisch miteinander verbunden werden können.

Setzen Sie sich ehrlich auch mit Ihren jeweiligen Ängsten auseinander. Je offener Sie miteinander darüber reden können, desto besser werden die Lösungsansätze und Ideen sein, die Sie gemeinsam dafür finden können.

Strategietipps für eine gelungene Elternzeit

- **Nie zu früh ankündigen:** Väter, die in Elternzeit gehen wollen, sollten dies ihrem Arbeitgeber nicht allzu früh mitteilen. Der Kündigungsschutz für die Elternzeit beginnt nämlich erst acht Wochen vor dem errechneten Geburtstermin bzw. vor Beginn der Elternzeit. Wird sie davor angemeldet, läuft der werdende Vater Gefahr, eine Kündigung zu kassieren. Das gilt vor allem dann, wenn er einen Arbeitgeber hat, dem die Elternzeit so gar nicht ins Konzept passt. Mütter sind von diesem Problem nicht betroffen, da sie bereits in der Schwangerschaft und während des Mutterschutzes Kündigungsschutz genießen. Sie können ihren Wunsch nach Elternzeit sehr früh mitteilen – und Arbeitgeber wissen das zu schätzen. Je früher sie davon erfahren, desto besser können sie planen.

- **Nie zu früh festlegen:** Lassen Sie sich nicht dazu drängen, Ihre gesamte Elternzeit bereits am Anfang verbindlich festzulegen. Wer das tut und später feststellt, dass er sich verplant hat und deswegen die Elternzeit verkürzen oder verlängern will, ist auf das Gutdünken seines Chefs angewiesen: Er braucht dann nämlich dessen Zustimmung.

- **So viel wie nötig, so wenig wie möglich:** Wenn Sie eine möglichst karriereunschädliche Rückkehr in Ihren Beruf planen, dann sollte Ihre Elternzeit so lange wie nötig und so kurz wie möglich sein. Was das genau für Sie bedeutet, hängt von Ihrem Job und von Ihrem Chef ab. In vielen Branchen bedeutet es momentan für viele Väter in der Regel leider noch: nicht mehr als zwei Monate.

- **Elternteilzeit sofort beantragen:** Wer genau weiß, dass er in der Elternzeit nicht ganz auf seinen Job verzichten will oder kann, sollte unbedingt mit der Ankündigung der Elternzeit einen Antrag auf Teilzeit verbinden (siehe das Muster oben). Wenn Sie die Elternteilzeit erst später beantragen, riskieren Sie, dass der Arbeitgeber den Antrag – zu Recht – ablehnt. Das darf Ihr Chef z. B., wenn er für Sie eine Vertretung in Vollzeit eingestellt hat, die er nicht anderweitig einsetzen kann.

- **Rechnet sich das Arbeiten in der Elternzeit überhaupt?** Prüfen Sie genau – eventuell sogar gemeinsam mit Ihrem Steuerberater oder der Lohnbuchhaltung in Ihrem Unternehmen, ob sich die Elternteilzeit auch wirklich finanziell für Sie lohnt. Beachten Sie: Alles, was Sie hier verdienen, wird auf das Elterngeld angerechnet mit der Folge, dass sich dieses verringert. Unterm Strich erhalten dann vor allem Geringverdiener trotz ihrer Tätigkeit nur wenige Euro mehr, als wenn sie zu Hause blieben. Allerdings kann die Teilzeit helfen, den Kontakt zum Unternehmen zu halten – ein Vorteil, der im Hinblick auf die Rückkehr zum alten Job nicht zu unterschätzen ist.

- **Elternzeit ist besser als Teilzeit:** Ihr Arbeitgeber bietet Ihnen an, statt Elternzeit zu nehmen, doch gleich auf eine Teilzeitstelle zu wechseln? Lehnen Sie dieses Angebot ab. Nur in der Elternzeit genießen Sie besonderen Kündigungsschutz; bei einem normalen Teilzeitjob fällt dieser Schutzschild weg. Weiterer Nachteil: Auch das Elterngeld gibt es dann nicht (siehe aber den Tipp zuvor).

- **Alten Job sichern:** Besprechen Sie schon während der Schwangerschaft mit Ihrem Arbeitgeber, wie genau ein Rückkehrszenario aussehen kann, und fixieren Sie dies schriftlich. Ideal ist es natürlich, wenn Sie sich gemeinsam mit Ihrem Chef auf die Rückkehr zu Ihrer alten Tätigkeit einigen.

- **Initiative ergreifen und kreativ werden:** Ist Ihnen klar, dass Sie Ihren alten Job nicht mehr wollen, weil er nicht zur neuen Lebenssituation passt, sollten Sie aktiv werden. Unterbreiten Sie Ihrem Unternehmen Vorschläge, wie Ihre Rückkehr aussehen könnte. Es gibt viele flexible Arbeitszeitmodelle. Je ausgefeilter Ihre Idee ist, desto wahrscheinlicher ist es, dass sie auf Interesse stößt.

BEISPIELE

Beim Jobsharing teilt man sich – weitgehend eigenständig – eine Tätigkeit mit einem anderen Kollegen.

Wer im Homeoffice arbeiten darf, erspart sich Fahrtzeiten.

Vielleicht bietet sich auch die Übernahme von Diensten am Wochenende an.

- **Zusatzqualifikationen auf- und ausbauen:** Wer längere Zeit zu Hause bleibt und Haus und Kinder versorgt, sehnt sich früher oder später nach ein wenig Abwechslung. Vielleicht finden Sie ja Zeit, sich während der Elternzeit weiterzuqualifizieren? Viele Seminare oder Kurse werden abends oder am Wochenende angeboten, wenn der berufstätige Partner sich um das Baby kümmern kann. Die Zusatzqualifikationen machen sich besonders gut im Lebenslauf (siehe dazu das Kap. »Umgang mit Auszeiten im Lebenslauf«).

- **Halten Sie Kontakt zum Unternehmen:** Stellen Sie Ihr Kind vor, bringen Sie mal einen Kuchen vorbei, gehen Sie auf Firmenfeiern und verabreden Sie sich zum Mittagessen mit Kollegen. Gratulieren Sie dem Chef und den Kollegen zum Geburtstag. So bleiben Sie präsent und gleichzeitig informiert.

- **Gestalten Sie den Übergang von der Elternzeit zum Beruf so stressfrei wie möglich:** Achten Sie darauf, dass die Eingewöhnung Ihres Kindes in Kindergarten oder Krippe noch während der Elternzeit stattfindet. Sichern Sie sich für die erste Zeit nach Ihrer Rückkehr ein Back-up. Vielleicht springen Verwandte ein, wenn das Kind krank wird. Binden Sie Ihren Partner mit ein. Besprechen Sie mit ihm, wie genau die Rückkehr in den Job stattfinden kann und was sein Beitrag dazu ist. Er hat sich eventuell schon sehr daran gewöhnt, dass er/sie im Haushalt nicht mehr viel tun muss ...

- **Zeit fürs Nachdenken:** Die Rückkehr ins Arbeitsleben kann ein guter Anlass für einen beruflichen Neustart sein. Sie wollten schon immer mal etwas anderes machen? Vielleicht ist jetzt ein guter Zeitpunkt dafür. Nutzen Sie die Elternzeit, sich generell zu fragen: Will ich wirklich in meinen Beruf zurück? Ist er (immer noch) das richtige für mich? Denn: Ihre neue Rolle als Vater bzw. Mutter wird Sie verändern, auch Ihre Werte und Bedürfnisse.

Auf einen Blick: Zeit für den Nachwuchs

- Wer sich um den Nachwuchs kümmert, kann sich dafür bis zu drei Jahre Auszeit vom Job nehmen. Diese Elternzeit steht grundsätzlich allen Arbeitnehmern zu.

- Während der Elternzeit müssen Sie sich keine Sorgen um Ihren Job machen: Sie genießen Kündigungsschutz und haben nach Ihrer Rückkehr das Recht auf einen zumindest gleichwertigen Arbeitsplatz.

- Selbstständige können sich zwar keine Elternzeit nehmen, sie profitieren jedoch genauso wie abhängig Beschäftigte vom Elterngeld, wenn sie in ihrem Job zugunsten des Nachwuchses kürzertreten.

- Das Elterngeld wird für mindestens 12 Monate gezahlt. Es wird auf Basis des ehemaligen Einkommens ermittelt, beträgt aber mindestens 300 Euro und höchstens 1.800 Euro pro Monat.

Pflegezeit & Co.: Auszeit für andere

Wenn Menschen sich wegen einer Krankheit oder eines Unfalles nicht mehr selbst versorgen können, stellt das nicht nur deren Leben auf den Kopf, sondern auch das ihres Umfelds.

In diesem Kapitel erfahren Sie u. a.,

- wie sich Pflege und Job vereinbaren lassen,
- welche Rechte Sie haben, wenn Sie sich um einen Pflegebedürftigen kümmern,
- welche finanziellen Hilfen es gibt.

Pflege: Doppel- und Dreifachbelastung für Betroffene

Anders als die Elternzeit geht das Thema Pflege mit wenig Freude und viel persönlichem Leid einher. Für viele ist es selbstverständlich, für andere, insbesondere für Familienangehörige, da zu sein und ihnen zu helfen, wenn diese sich nicht mehr selbst versorgen können. Das bestätigt auch die Statistik: 75 % der 2,86 Millionen Pflegebedürftigen in Deutschland werden zu Hause privat betreut.

Tritt ein Pflegefall ein, bedeutet das für alle Betroffenen eine große Umstellung – und zwar nicht nur für die Pflegebedürftigen, sondern auch für diejenigen, die die Pflege übernehmen. Vielleicht machen Sie eine Ausbildung, starten in der Karriere durch oder haben erst wieder angefangen zu arbeiten. Vielleicht haben Sie in naher Zukunft eine Weltreise geplant. Ganz egal, wo Sie gerade selbst stehen: Krankheit und Pflegebedürftigkeit in der Familie oder im näheren Umfeld bringen nicht nur seelische Belastungen und Ängste mit sich, sondern verändern oft auch die eigenen Pläne stark. Bereits angegangene Projekte müssen gestoppt werden, Lebenspläne neu überdacht, die eigenen Prioritäten neu sortiert und bewusst gemacht werden.

So wie die Elternzeit häufig ein Spagat zwischen Kind und Karriere ist, so ist die Pflegezeit meist ein Spagat zwischen dem Wunsch, dem anderen helfen zu wollen, und den eigenen Lebensplänen.

Angehörige zu pflegen ist ein Knochenjob, der sich oft über Jahre hinzieht, im Durchschnitt über acht Jahre. Pflege kostet Zeit und Nerven. Und nicht nur das: Erkrankt jemand im näheren privaten Umfeld plötzlich schwer oder/und wird er zum Pflegefall, stehen der Betroffene sowie seine Angehörigen vor einem schier unüberwindlichen Berg an organisatorischen und rechtlichen Fragen – und auch der finanzielle Aspekt spielt eine große Rolle, denn gute Pflege ist in jeder Hinsicht teuer.

Pflegefälle in der Familie

Der Staat hat erkannt, welch großer Einschnitt im Leben Pflege für alle Betroffenen sein kann, und einige Erleichterungen für sie eingeführt. Wer andere pflegt, ist meist doppelt und dreifach belastet: Er muss seinen Job und die Pflegetätigkeit unter einen Hut bringen – und zusätzlich noch sein eigenes Leben, den Haushalt und die Familie, organisieren. Eine – zumindest vorübergehende – Entlastung vom Beruf bieten die unterschiedlichen Pflegeauszeiten, die im Gesetz über die Pflegezeit geregelt sind.

Kurzzeitige Arbeitsverhinderung: für akute Fälle

Ein naher Angehöriger, so z. B. der Ehepartner oder der Lebenspartner, das Kind, die Schwester oder ein Elternteil, hatte einen Unfall oder ist plötzlich schwer erkrankt und daher auf Ihre Pflege angewiesen? In einem solchen akuten Fall können Sie eine kurze Auszeit vom Job nehmen, und zwar maximal zehn Tage, um alles Notwendige für den Erkrankten zu regeln. Ihr Arbeitgeber darf diese Auszeit nicht ablehnen – auch dann nicht, wenn er Ihren Arbeitsausfall nicht abfedern kann. Er kann aber eine ärztliche Bescheinigung verlangen, die Auskunft über die voraussichtliche Pflegebedürftigkeit und die akute Pflegesituation gibt.

Achtung: Nicht jede Erkrankung reicht aus, um diese Auszeit nehmen zu können. Aus der Bescheinigung des Arztes muss hervorgehen, dass der Eintritt einer Pflegebedürftigkeit überwiegend wahrscheinlich ist, dass also später wohl Pflegegrade zuerkannt werden (siehe dazu gleich noch mehr).

Wer sich diese kurze Auszeit nimmt, kann über die Pflegekasse des Angehörigen bzw. über dessen private Krankenversicherung ein sog. Pflegeunterstützungsgeld beantragen. Das gilt jedoch nur, wenn er in dieser Zeit keinen Anspruch auf Entgeltfortzahlung gegenüber seinem Arbeitgeber hat.

> Entgeltfortzahlung: ja oder nein? Herausfinden können Sie das am besten mit einem Blick in Ihre Arbeitsunterlagen oder ins firmeneigene Intranet. Geregelt sind solche Ansprüche meist in Betriebsvereinbarungen, Tarifverträgen oder direkt in Ihrem Arbeitsvertrag.

Pflegezeit: Pause vom Job für bis zu sechs Monate

Bis zu sechs Monate Auszeit vom Job können Sie sich nehmen, wenn Sie sich um einen pflegebedürftigen Angehörigen in seinem oder Ihrem Zuhause kümmern. Pflegen Sie einen Minderjährigen, haben Sie das Recht auch dann, wenn er nicht daheim gepflegt wird.

Diese sog. Pflegezeit können Sie jedoch nur dann in Anspruch nehmen, wenn in Ihrem Betrieb mehr als 15 Beschäftigte arbeiten. Der Arbeitgeber darf Ihren Wunsch nicht ablehnen, wenn Sie den Pflegegrad von mindestens 1 z. B. mit einer Bescheinigung des Medizinischen Dienstes der Krankenversicherung (MDK) oder der Pflegekasse nachweisen. Auch hier gilt wieder: Eine schwere Krankheit allein reicht für eine solche Auszeit noch nicht aus!

> Sorgen Sie dafür, dass der zu Pflegende den Grad seiner Pflegebedürftigkeit möglichst schnell abklären lässt, und zwar mit einem Antrag auf Leistungen zur Pflegeversicherung bei der Pflegekasse. Haben Sie bei Ihrem Arbeitgeber bereits über eine Freistellung zur Pflege verhandelt, muss der MDK eine Begutachtung innerhalb von zwei Wochen nach Antragstellung anbieten.

Wer die Pflegezeit beanspruchen möchte, muss sie seinem Arbeitgeber zehn Tage im Voraus ankündigen, und zwar schriftlich unter Angabe der voraussichtlichen Dauer.

Antrag auf Pflegezeit

Datum: ...

An die Personalabteilung

Sehr geehrte Damen und Herren,

mit diesem Schreiben kündige ich die Inanspruchnahme von Pflegezeit nach § 3 des Pflegezeitgesetzes an, und zwar ab dem ... *(frühestens 10 Arbeitstage nach Zugang dieser Ankündigung beim Arbeitgeber)* bis zum ... *(max. 6 Monate)*. Ich werde ... *(Angabe des Angehörigen-verhältnisses und Name des Angehörigen)* zu Hause pflegen *(bei Minderjährigen ist auch eine außerhäusliche Pflege möglich)*.

Während dieser Zeit möchte ich vollständig von der Arbeit freigestellt werden.

Variante: Während dieser Zeit möchte ich meine Arbeitszeit von ... Stunden auf ... Stunden pro Woche reduzieren. Dabei soll die Arbeitszeit so verteilt werden: ... *(Wochentage und Uhrzeiten nennen)*. Diese Arbeitszeitreduzierung ist auf die Dauer der Pflegezeit beschränkt.

Eine Bescheinigung über die Pflegebedürftigkeit – ausgestellt von der Pflegekasse/des Medizinischen Dienstes der Krankenversicherung – ist beigefügt.

Mit freundlichen Grüßen (Unterschrift)

Auszeit für die letzte Lebensphase eines Angehörigen

Wer einen nahen Angehörigen in der letzten Phase seines Lebens begleiten möchte, kann sich in größeren Unternehmen ab 15 Mitarbeitern dafür bis zu drei Monate Auszeit vom Job nehmen. Das gilt auch dann, wenn sich der Angehörige in einem Hospiz befindet. Dem Arbeitgeber müssen Sie eine ärztliche

Bescheinigung über den Gesundheitszustand vorlegen, nicht jedoch einen Pflegegrad nachweisen. Auch hier gilt wieder eine zehntägige Ankündigungsfrist.

Familienpflegezeit: Pflege und Teilzeitjob

Für diejenigen, die einen Pflegebedürftigen über einen längeren Zeitraum pflegen wollen, gibt es die Möglichkeit, ihren Vollzeitjob für maximal 24 Monate auf einen Teilzeitjob mit einer Mindestarbeitszeit von 15 Stunden pro Woche zu reduzieren. Das Besondere an dieser sog. Familienpflegezeit: Die 15 Stunden pro Woche gelten im Jahresdurchschnitt. Werden sie eingehalten, kann die Familienpflegezeit auch in Blöcken genommen werden.

BEISPIEL

> Birgit Leise ist nach einem Schlaganfall zum Pflegefall geworden. Sie wohnt bei ihrer Tochter und deren Mann. Ihre Tochter hat für acht Monate Familienpflegezeit genommen, um ihrer Mutter dabei zu helfen, zu einem weitgehend eigenständigen Leben zurückzufinden: Ihre Arbeitszeit von 40 Wochenstunden hat sie in Abstimmung mit ihrem Arbeitgeber auf 20 Stunden die Woche reduziert. Eingeteilt ist die Familienpflegezeit nach dem Blockmodell: Sie nimmt vier Monate am Stück frei, um in dieser Zeit rund um die Uhr für ihre Mutter da zu sein. Vier Monate arbeitet sie voll. In dieser Zeit kümmert sich ihr Mann, der Saisonarbeiter ist und während der Wintermonate keine Arbeit hat, um seine Schwiegermutter.

Die Hürde: Familienpflegezeit kann nur in größeren Unternehmen durchgesetzt werden, die 25 und mehr Beschäftigte haben – exklusive der Auszubildenden.

Pflegezeit, Familienpflegezeit und die Begleitung in der letzten Lebensphase können auch miteinander kombiniert werden. Allerdings darf dabei der Gesamtzeitraum von zwei Jahren nicht überschritten werden.

Ankündigungsfristen

Ankündigungsfristen gegenüber dem Arbeitgeber	
Ohne Ankündigungsfrist	Kurzzeitige Arbeitsverhinderung wegen akuten Pflegebedarfs bis zu 10 Tage
Mindestens 10 Arbeitstage vor Beginn	• Bei Freistellung von bis zu 6 Monaten • Bei Freistellung für die Begleitung eines nahen Angehörigen in der letzten Lebensphase
Mindestens 8 Wochen vor Beginn	• Bei Freistellung von bis zu 24 Monaten • Beim Übergang von der Familienpflegezeit in die Pflegezeit
Mindestens 3 Monate vor Beginn	Beim Übergang von der Pflegezeit in die Familienpflegezeit

Rückkehr ohne Risiko

Wer sich eine Auszeit zur Pflege Angehöriger genommen hat, darf nicht gekündigt werden. Dieser besondere Kündigungsschutz gilt von der Ankündigung – maximal 12 Wochen vor dem angekündigten Termin – bis zum Ende der Pflegezeit. Eine Kündigung ist in dieser Zeit nur in besonderen Ausnahmefällen möglich. Ob es sich um einen solchen Ausnahmefall handelt, entscheidet die jeweils zuständige Landesbehörde für Arbeitsschutz oder die von ihr bestimmte Stelle.

Die Pflegezeit und die mit ihr verwandten Arten gelten nur für Pflege-fälle innerhalb der Familie für eine Maximaldauer von zwei Jahren. Zu-dem sind sie abhängig von der Betriebsgröße des Arbeitgebers. Wer für die Nachbarin, den guten Freund oder liebe Bekannte sorgt und deren Pflege übernimmt oder in einem kleinen Unternehmen arbeitet oder eine sehr lange Pause zur Pflege braucht, muss mit seinem Arbeitgeber verhandeln. Einen Anspruch auf Freistellung hat er dann nicht.

Finanzierung

Pflege ist nicht nur körperlich und psychisch belastend, sondern auch finanziell – vor allem dann, wenn Sie als Pflegender eine längere Auszeit vom Job nehmen müssen. Auch der Gesetzge-ber hat das erkannt und mehrere Möglichkeiten vorgesehen, um die Belastung für die Betroffenen etwas abzufedern.

Zinsloses staatliches Darlehen

Sind Sie angestellt, verdienen Sie während einer längeren Auszeit für die Pflege Ihres nahen Angehörigen nichts. Einen Anspruch auf Lohn haben Sie in dieser Zeit nämlich nicht. Al-lerdings können Sie zur Finanzierung Ihrer Ausgaben während dieser Zeitspanne ein staatliches Darlehen erhalten. Sie können es beim Bundesamt für Familie und zivilgesellschaftliche Auf-gaben (www.bafza.de) beantragen. Es muss nach dem Ende der Pflegezeit wieder zurückgezahlt werden. In besonderen Härtefällen kann das Darlehen auch teilweise oder vollständig erlassen werden.

Ein solches zinsloses Darlehen können Sie übrigens auch beantragen, wenn Sie sich mit Ihrem Arbeitgeber auf eine Pflege- oder Familienpflegezeit geeinigt haben, auf die Sie an sich, weil der Betrieb zu klein ist, keinen Anspruch haben.

Das Pflegegeld

Finanzielle Unterstützung gewährt auch die Pflegekasse, und zwar anders als beim oben genannten Darlehen auch dann, wenn Sie sich um einen pflegebedürftigen Bekannten, einen Freund oder um die Nachbarin kümmern. Wird jemand zu Hause von einer Privatperson gepflegt, erhält er das sog. Pflegegeld in voller Höhe. Wohlgemerkt er und nicht derjenige, der pflegt!

> Pflegen Sie jemand anderen, haben Sie nicht etwa automatisch einen Anspruch auf das Pflegegeld. Sie sind darauf angewiesen, dass es Ihnen der Pflegebedürftige als Anerkennung für Ihre Leistungen überlässt.

Hilft dem Betroffenen zusätzlich noch ab und zu ein professioneller Pflegedienst, bekommt er nur einen prozentualen Anteil am Pflegegeld ausgezahlt. Der Rest geht direkt an den Pflegedienst.

Pflegegrad entscheidet über Höhe des Pflegegeldes

Voraussetzung für die Auszahlung des Pflegegeldes ist die Zuerkennung eines sog. Pflegegrads. Und diesen bekommt der Pflegebedürftige nur auf seinen Antrag hin über die Pflegekasse zugeteilt. Die Pflegekasse ist bei der Krankenversicherung des Pflegebedürftigen angesiedelt, hat also im Zweifel dieselbe Anschrift und dieselben Kontaktdaten wie diese.

> Der Pflegebedürftige spielt im gesamten Verfahren die Hauptrolle: Er muss den Pflegegrad beantragen, an ihn wird das Pflegegeld ausbezahlt und er gibt es an die Pflegenden weiter. Wer für einen Pflegebedürftigen handeln möchte, muss sich dazu von ihm bevollmächtigen lassen.

Dem Antrag schließt sich eine Begutachtung des Pflegebedürftigen durch den Medizinischen Dienst der Krankenkassen an (kurz: MDK). Der Gutachter des MDK vereinbart dafür einen Termin vor Ort, um beurteilen zu können, was der Antragsteller noch selbst machen kann und wobei und in welchem Umfang er Hilfe benötigt. Die Pflegekasse entscheidet auf Basis dieses Gutachtens über die Einstufung in die Pflegegrade 1 (sehr geringe Pflegebedürftigkeit) bis 5 (schwere Pflegebedürftigkeit). Von dieser Einstufung sind wiederum die Höhe und die Art der Pflegeleistungen abhängig – und damit letztlich auch das Pflegegeld für Sie als Pflegenden. Pflegegeld gibt es ab dem Pflegegrad 2.

Pflegegrad	Betrag in Euro pro Monat (Stand: 2017) bei voller Betreuungsleistung
2	316
3	545
4	728
5	901

Sonstige finanzielle Vorteile

Der Staat honoriert es, wenn man andere im privaten Umfeld pflegt, und zwar sowohl, was die Rentenversicherung anbelangt, als auch in steuerlicher Hinsicht.

- In der Rentenversicherung: Wer wegen der Pflege anderer seine Arbeitszeit verkürzt oder seinen Job sogar für eine Weile ganz aufgibt, hat am Ende des Monats weniger bzw. überhaupt kein Gehalt mehr auf dem Konto. Damit ihm nicht auch noch im Alter erhebliche finanzielle Nachteile daraus entstehen, hat der Gesetzgeber für Pflegende ein kleines Netz für die Altersrente gespannt: Wer sich pro Woche mehr als 10 Stunden um einen Pflegebedürftigen ab dem Pflegegrad 2 kümmert, wird in der Rentenversicherung so behandelt, als ob er für seine Arbeit in der Pflege bezahlt würde. Auf dieses »Gehalt«, das auf Basis der durchschnittlichen Gehälter für Pflegekräfte ermittelt wird, zahlt die Rentenversicherung dann den gesetzlichen Beitrag von 18,7 %. Je nach Pflegegrad sind das in etwa 5 und 29 Euro pro Monat. Das mildert die Nachteile, die sich wegen des Kürzertretens im Job ergeben, zumindest für das Alter ein bisschen ab.

- In steuerlicher Hinsicht: Das Pflegegeld gilt nicht als Einkommen. Dementsprechend fällt darauf auch keine Einkommensteuer an. Wer einen Angehörigen unentgeltlich zu Hause pflegt, kann bei seiner Einkommensteuererklärung den sog. Pflegepauschbetrag in Höhe von 924 Euro im Jahr geltend machen. Das gilt allerdings nur bei einem Pflegegrad von 4 oder 5 oder bei einer Schwerbehinderung mit dem Merkzeichen H (für »hilflos«).

Entscheidungshilfen: Was ist das Beste für alle Beteiligten?

Die Pflege nahestehender Personen ist belastend, sowohl psychisch, körperlich als auch seelisch. Jeder, der sich überlegt, die Verantwortung für einen Pflegebedürftigen zu übernehmen, sollte sich dies vor Augen führen.

Doch das ist gar nicht so leicht. Moralvorstellungen und die Erwartungen seitens Familie, Freunden und der Öffentlichkeit sowie das eigene Verantwortungsgefühl und schlechte Gewissen bewegen viele dazu, die Pflege zu übernehmen, obwohl sie es gar nicht wirklich wollen oder können. Sie schieben ihre eigenen Bedenken und Zweifel auf die Seite und rutschen quasi automatisch in die Pflegesituation.

Nicht übersehen: objektive Kriterien

Besser ist es, sich das Pro und Kontra der Pflege abseits aller Emotionen auch anhand objektiver Kriterien gut zu überlegen. Denn dem Pflegebedürftigen hilft es nicht, wenn der Pflegende letztendlich überfordert ist mit der Situation. Die folgende Checkliste hilft bei diesen Überlegungen.

Checkliste: Kriterien, die Sie beachten sollten
▪ Reichen Ihre körperlichen Kräfte aus, um eine gute Pflege zu gewährleisten?
▪ Sind Sie psychisch stabil genug, auch sehr belastende Pflegesituationen zu meistern?
▪ Ist Ihr Beruf mit der häuslichen Pflege kompatibel?
▪ Wie steht es um andere Familienmitglieder: Sind auch diese auf Ihre Hilfe angewiesen, so z.B. kleine Kinder? Falls ja: Lässt sich beides miteinander vereinbaren?
▪ Lässt die räumliche Situation zu Hause eine gute Pflege zu? Ist genug Platz dafür?
▪ Wissen Sie genug über fachgerechte Pflege? Falls nein: Wie könnten Sie dieses Wissen erwerben?
▪ Wie finanzieren Sie sich und Ihre Familie in der Pflegeauszeit? Welche finanzielle Unterstützung bekommt der zu Pflegende?
▪ Können Sie sich Unterstützung von anderen holen, so z.B. von anderen Familienmitgliedern?
▪ Was passiert, wenn Sie einmal verhindert sind, die Pflege zu übernehmen, so z.B., wenn Sie krank werden? Haben Sie einen Notfallplan, auf den Sie dann zurückgreifen können?

Vielleicht kann Ihnen bei der Entscheidung auch die Szenario-Methode helfen, die wir im Kap. »Zeit für den Nachwuchs«

bei den Entscheidungshilfen ausführlich beschrieben haben. Begeben Sie sich auf Gedankenreise und entwerfen Sie zwei Zukunftsszenarien: einmal in Ihrer Rolle als Pflegender, einmal ohne diese Rolle und stellen Sie sich, am besten gemeinsam mit einer Ihnen vertrauten Person, die folgenden Fragen:

- Was genau passiert jeweils in diesen Szenarien?

- Wie sieht in diesem Fall Ihr Leben im nächsten Jahr aus?

- Was ist Ihre Aufgabe, was tun Sie, was tun Sie nicht mehr? Beschreiben Sie Ihren Alltag, wie sieht ein normaler Tag aus?

- Nun denken Sie weiter: Wie sieht Ihr Leben in drei, in fünf Jahren aus?

- Denken Sie sich ans Ende Ihres Lebens und schauen Sie von dort zurück. Erinnern Sie sich, dass Sie sich heute für diese Alternative entschieden haben. Was geht Ihnen dann im Kopf herum? Wie geht es Ihnen dann?

Achten Sie bei all diesen Fragen auf Ihre Gefühle und Körperwahrnehmungen und notieren Sie diese zu den jeweiligen Antworten. Tauschen Sie sich darüber mit Ihrem Gesprächspartner aus.

Nicht unterschätzen: die Pflege der eigenen Eltern

Geht es um die Pflege der eigenen Eltern, stellt uns das vor besondere Herausforderungen. Werden die Eltern, zu denen wir früher aufgesehen haben, die scheinbar alles vermochten, aufgrund einer Krankheit oder einfach nur wegen ihres Alters hilflos, ändert sich das Rollenverständnis. Plötzlich sind wir diejenigen, die sich kümmern müssen, die verantwortlich sind, die die Dinge organisieren sollen. Plötzlich sind wir die Erwachsenen, während die Eltern in den Kind-Status schlüpfen. Dieser Wechsel ist belastend und traurig, weil er immer auch einen Abschied beinhaltet: den Abschied von der eigenen Kindheit.

Und auch für die Eltern ist der Rollenwechsel oft nur schwer zu akzeptieren. Sie wehren sich dann häufig gegen diese Erkenntnis und wollen keine Unterstützung. Sie lehnen alle Hilfsangebote ab, obwohl sie sie dringend bräuchten – auch weil sie anderen nicht zur Last fallen wollen. Der Erwachsene Mensch wird wieder zum Kind.

Bei Familienmitgliedern kommt noch die gemeinsame, häufig von diversen Belastungen geprägt Vorgeschichte hinzu. Die längste Beziehungserfahrung in unserem Leben haben wir mit unseren Eltern. Vielleicht existieren in dieser Beziehung noch unbearbeitete Konflikte, auch solche, die uns noch nicht einmal mehr bewusst sein müssen. Doch in der Stresssituation einer Pflegebeziehung flammen diese zumeist wieder auf und äußern sich in Ablehnung und aggressivem Verhalten. Das ist allerdings ganz normal und gehört zu einem Pflegealltag dazu. Dafür brauchen Sie sich nicht schuldig zu fühlen und sich auch nicht zu schämen.

> Wenn Sie diese Gefühle und Gedanken haben, dann nehmen Sie diese als Warnzeichen ernst, dass es Ihnen gerade selbst zu viel wird und Sie Abstand brauchen. Egal, was der zu pflegende Mensch dazu sagt.

Ein weiterer sehr belastender Faktor kann auch die Art der Erkrankung sein, die zur Pflege führt. Demenzerkrankungen z. B. gehen in der Regel mit einer persönlichen Veränderung des Erkrankten einher. Alles das, was Ihnen an diesem Menschen vertraut und geliebt war, verändert sich. Es kommen Wesensmerkmale zum Vorschein, die Sie niemals vermutet hätten. Diese Balance zwischen der psychischen Veränderung des Menschen und der Notwendigkeit, für ihn fortlaufend Entscheidungen zu treffen bei größtmöglicher Wahrung seiner Würde und Autonomie ist ein permanenter Seiltanz. Manchmal ist er nur zur bewerkstelligen mit fremder Hilfe. Merken Sie, dass Sie nicht mehr klarkommen und das alles zu viel wird, holen Sie sich professionelle Hilfe – am besten über die Pflegestellen.

Nicht von der Hand zu weisen: die positive Seite

Wir haben nun viel von den Herausforderungen gesprochen, die eine Pflege mit sich bringt. Und trotzdem gibt es auch viele Pflegende, die trotz aller Belastungsmomente und Schwierigkeiten hinterher sagen: »Ich bin froh, dass ich das gemacht habe – mir die Zeit genommen habe.«

Viele Pflegende schöpfen Kraft aus der Situation und wachsen daran. Ein großer Teil der Kraft kommt aus der Gewissheit, dass ihre Lieben dank ihrer Hilfe weiterhin im gewohnten Umfeld sein können. Etwa die Hälfte aller Pflegenden empfindet die Pflegetätigkeit nicht nur als belastend, sondern auch als Bereicherung des eigenen Lebens. Sie erzählen, dass sich das Verhältnis zum Pflegebedürftigen im Laufe der Pflege verbessert hat und dass es schön war, für den anderen da zu sein.

Keine Angst vor einem Nein

Sind Sie zur Entscheidung gekommen, die Pflege nicht zu übernehmen? Vielen Menschen fällt es sehr schwer, Nein zu sagen. In unserer Kindheit, von den Eltern, in Kindergarten und Schule, haben wir gelernt: Leistung zu verweigern, etwas nicht zu tun, was von uns gefordert wird, also Nein zu sagen, bringt Stress, Streit, Strafen und schlechte Noten. Tief in uns ist also verankert: Wenn ich nein sage, dann wird mich der andere ablehnen, bin ich schuld, wenn der andere enttäuscht oder verletzt ist, mag mich irgendwann keiner mehr. Ja-Sager dagegen werden eher gemocht, gehen Streit und Konflikten aus dem Weg, vermeiden Schuldgefühle etc. Wenn wir Nein sagen, verzichten wir auf all diese Vorteile.

Sagen wir jedoch Ja, obwohl wir Nein meinen, verzichten wir darauf, uns selbst und unsere Bedürfnisse ernst und wichtig zu nehmen. Da die Pflege auch das Leben des Pflegenden stark verändert, ist es legitim, Nein zu sagen, wenn man keine Möglichkeit sieht, der Verantwortung gerecht zu werden. Ein Nein kann auch mit Einschränkungen versehen werden: Vielleicht können Sie sich die Pflege mit anderen teilen? Vielleicht zusätzlich einen Pflegedienst beauftragen? Setzen Sie sich mit allen Beteiligten zusammen und lassen Sie sich von den Profis in den Pflegestellen beraten. Es gibt viele Möglichkeiten.

Nicht vergessen: sich selbst

Jeder braucht von Zeit zu Zeit Entspannung, auch wenn alles dagegenspricht: die Zeit oder die Dinge, die zu tun sind, das eigene schlechte Gewissen oder was auch immer. Wenn Sie sich nicht entspannen, dann bleiben Sie nicht leistungsfähig. Sie machen sich kaputt – körperlich und seelisch.

Aus dem Umgang mit Burnout-Klienten, dem Thema Resilienz und Stressmanagement weiß ich: Wer darauf angewiesen ist, seinen Einsatz über einen längeren Zeitraum hinweg auf hohem Niveau zu halten, muss sich die notwendigen Regenerations- und Erholungsphasen gönnen. Tun wir das nicht, ist auf eine eigene Erschöpfungserkrankung beinahe unvermeidlich. Planen Sie also vorab, wenn möglich schon bei der Entscheidung, ob Sie die Pflege übernehmen, Entspannungsphasen in Ihren Pflegealltag mit ein. Sie sehen dazu keine Möglichkeit? Holen Sie sich Beratung von außen (siehe dazu das nächste Kapitel).

Pflege ist Schwerstarbeit, im wahrsten Sinne des Wortes: Pflegende heben, hieven, stützen, um nur ein paar körperliche Arbeiten zu nennen. Damit Sie sie möglichst schonend für Ihren eigenen Körper erledigen können, sollten Sie vorsorgen: Belegen Sie einen Pflegekurs, in dem die entsprechenden Techniken vermittelt werden.

Sie sind nicht allein!

Sie müssen nicht alles alleine stemmen. Es gibt zahlreiche Entlastungsangebote, so z. B.:

- die Tagespflege, in deren Rahmen Ihr Angehöriger tagsüber in einer Einrichtung betreut wird,

- die Verhinderungspflege, die Sie in Anspruch nehmen können, um Urlaub zu machen,

- die Nachtpflege, um Ihnen zu ermöglichen, mal richtig durchzuschlafen, weil ein professioneller Pflegedienst sich in dieser Zeit um Ihren pflegebedürftigen Angehörigen kümmert. Dieses Angebot ist besonders wichtig bei Demenzkranken, deren Wach-Schlaf-Rhythmus häufig durcheinanderkommt.

Umfragen zeigen, dass überraschend viele dieser Angebote nicht genutzt werden oder gar nicht bekannt sind. Dabei gibt es überall in Deutschland viele kostenlose und kompetente Beratungsstellen.

Zur Unterstützung von pflegenden Angehörigen wurden Pflegestützpunkte eingerichtet. Außerdem beraten Sozialämter, Wohlfahrtsverbände und Pflegekassen. Auf der Website der Stiftung »Zentrum für Qualität in der Pflege« (https://bdb.zqp. de) erhalten Sie nach Eingabe Ihrer Postleitzahl eine Liste an Beratungsangeboten in Ihrer Nähe.

Bauen Sie ein Netzwerk auf, das den Pflegebedürftigen und nicht zuletzt auch Sie im Notfall trägt. Suchen Sie sich Unterstützung bei Ihrer Familie, Nachbarn, ambulanten Pflegediensten, dem Besuchsdienst der Kirchen, der Kurzzeitpflege, Tagespflege, Pflegeberatungsstellen, Gesprächskreisen für pflegende Angehörige, dem sozialpsychiatrischen Notdienst der Stadt etc.

Exkurs: Kurze Auszeiten für die Krankenpflege

In den Kapiteln zuvor wurde es bereits deutlich: Nicht jeder Krankheitsfall führt zu einem Anspruch auf eine Pflegeauszeit. Was aber tun, wenn ein Familienmitglied krank wird, ohne dass die Voraussetzungen für eine Pflege vorliegen?

BEISPIEL

> Die Alleinerziehende Lisbet Mai ist verzweifelt: Ihr 5-jähriger Sohn Jakob ist schon wieder krank. Dieses Mal liegt er mit einer Bronchitis im Bett. Vor gerade einer Woche war es eine Magen-Darm-Grippe. Wieder muss sie ihrem Chef sagen, dass sie heute und wahrscheinlich die ganze Woche nicht kommen kann.

Ist der Kranke erwachsen, muss er sich selbst um sich kümmern. Bei Ihren Kindern können Sie zu Hause bleiben. Benötigt Ihr Nachwuchs wegen einer Krankheit Betreuung, muss Sie Ihr Arbeitgeber freistellen, wenn die folgenden Voraussetzungen vorliegen:

- Ihr Kind darf noch nicht 12 Jahre alt sein. Diese Altersbeschränkung gilt nicht, wenn Ihr Kind behindert und auf Hilfe angewiesen ist.

- Sie müssen dem Arbeitgeber eine ärztliche Bescheinigung vorlegen, aus der hervorgeht, dass Sie nicht zur Arbeit kommen können, weil Sie Ihr krankes Kind pflegen und betreuen.

- Sie müssen dem Arbeitgeber plausibel machen, dass Sie die Betreuung nicht anderweitig mit einer ebenfalls im Haushalt lebenden Person organisieren können.

Sind alle Voraussetzungen erfüllt, können Sie sich als Alleinerziehende maximal 20 Tage pro Jahr bzw. pro Elternteil maximal 10 Tage »freinehmen«. Haben Sie mehrere Kinder, dann erhöht sich der Anspruch auf 25 Tage insgesamt bzw. bei Alleinerziehenden auf 50 Tage. Für schwerstkranke Kinder mit einer begrenzten Lebenserwartung von wenigen Wochen oder Monaten gibt es keine Begrenzung auf eine bestimmte Tagesanzahl.

Ob Sie in dieser Zeit Gehalt vom Arbeitgeber oder das sog. Kinderkrankengeld bekommen, hängt von den Vereinbarungen in Ihrem Arbeitsvertrag oder im für Sie geltenden Tarifvertrag ab. Ist dort die bezahlte Freistellung ausgeschlossen, können Sie, wenn Sie gesetzlich krankenversichert sind, bei Ihrer Krankenkasse das Kinderkrankengeld beantragen oder, wenn die Erkrankung auf einem Unfall auf dem Weg zur Schule oder zum Kindergarten basiert, bei der Unfallversicherung.

Auf einen Blick: Pflegezeit & Co.

- Wer sich um pflegebedürftige Angehörige kümmert, hat das Recht auf eine Auszeit vom Job.

- In akuten Fällen muss der Arbeitgeber Sie bis zu 10 Tage von der Arbeit freistellen. In Unternehmen mit mehr als 15 Beschäftigten haben Sie Anspruch darauf, sich eine Pflegezeit bis zu sechs Monaten zu nehmen. In großen Betrieben können Sie Ihre Arbeitszeit bis zu 24 Monate reduzieren.

- Pflege ohne Risiko: Während der Pflegeauszeiten darf der Arbeitgeber Sie nicht kündigen. Nach Ihrer Rückkehr haben Sie zumindest Anspruch auf einen gleichwertigen Arbeitsplatz.

- Wer andere pflegt und deswegen seinen Job ganz oder teilweise aufgibt, hat oft finanzielle Sorgen. Der Staat gewährt in solchen Fällen zinslose Darlehen und steuerliche Vergünstigungen.

- Auf ein Pflegegeld haben Sie als Pflegender keinen Anspruch, es wird an den Pflegebedürftigen ausgezahlt, der es an Sie weitergeben kann.

- Erkranken Ihre Kinder, haben Sie ein Recht auf Freistellung vom Job. Pro Jahr können sich Arbeitnehmer für die Krankenpflege zugunsten des Nachwuchses bis zu 10 Tage, Alleinerziehende bis zu 20 Tage freinehmen.

Auszeit für sich selbst

Einmal den ganzen Alltag hinter sich lassen und zumindest für eine gute Weile etwas ganz Neues wagen – auf immer mehr Menschen übt das Aussteigen auf Zeit eine große Faszination aus. Vielleicht ja auch auf Sie?

In diesem Kapitel erfahren Sie u. a.,

- welche Sabbatical-Varianten es gibt,
- wie Sie Ihre Auszeit optimal organisieren,
- wie Sie sich die Tür zurück zu Ihrem Job offenhalten,
- wie Sie die Auszeit am besten finanzieren.

Viel mehr als ein Urlaub: das Sabbatical

»Ich bin dann mal weg!« – Das Buch mit diesem Titel ist sicherlich nicht allein wegen seines prominenten Autors ein Bestseller geworden. Fakt ist, Hape Kerkeling hat damit den Nerv unserer Zeit getroffen: Immer mehr Menschen beschäftigen sich mit der Idee, einfach mal für eine Weile den Alltag hinter sich zu lassen, um ihre Träume zu verwirklichen, etwas Neues auszuprobieren, mehr von der Welt zu sehen, dem Sinn des Lebens näherzukommen etc.

Sie sind dabei in bester Gesellschaft, denn bereits der große Dichter Johann Wolfgang von Goethe hat in einem Brief an seinen Arbeitgeber um »unbestimmten Urlaub« gebeten, in der Hoffnung, dass dies der »Elastizität seines Geistes« guttun werde.

Top-Gründe für eine Auszeit laut einer Umfrage aus dem Jahr 2015
1. Zeit für sich und seine Interessen haben
2. Reisen
3. Neue Perspektiven gewinnen, sich selbst finden
4. Burn-out überwinden oder vorbeugen
5. Sprachen lernen, Sprachkenntnisse verbessern
6. Das eigene Leben grundlegend verändern
7. Unzufriedenheit mit der aktuellen Arbeit
8. Unzufriedenheit mit der privaten Situation
9. Die berufliche Karriere fördern

Knapp die Hälfte der Befragten, die sich nach einem Sabbatical sehnt, würde gern für die Dauer von drei bis sechs Monaten raus, etwa 30 % ein ganzes Jahr.

Neue Wortschöpfung mit uralter Tradition

Der Grundgedanke einer Auszeit ist uralt, genau genommen ist er religiösen Ursprungs. Sabbat ist die Bezeichnung des jüdischen Ruhetages.

In Deutschland ist der Begriff »Sabbatical« noch vergleichsweise jung. Erst seit 2004 ist dieser Anglizismus auch im Duden zu finden. Zunächst lautete die Übersetzung dazu »Sabbatjahr«. Da viele Arbeitnehmer und Selbstständige für solche Auszeiten jedoch einen kürzeren Zeitraum als ein Jahr wählen, steht der Begriff mittlerweile für eine längere, erwerbsfreie Zeit zwischen erwerbstätigen Zeiten. Ein Sabbatical dauert deutlich länger als der übliche Jahresurlaub von 6 Wochen, es ist freiwillig und der Arbeitnehmer kann mit dieser Zeit nach eigenem Gutdünken verfahren.

Sabbaticals gab es zuerst an den Universitäten in Israel, dann in den USA und später auch in Europa. Professoren konnten dort auf Antrag von der Lehre freigestellt werden und sich damit verstärkt auf ihre Forschungsprojekte konzentrieren.

Beamte haben in Deutschland bereits seit den späten 1980er Jahren die Möglichkeit, sich eine vorübergehende Auszeit zu gönnen. Sie haben darauf sogar einen rechtlich verbrieften Anspruch. Der als so angestaubt und konservativ geltende öffentliche Dienst ist in diesem Bereich viel fortschrittlicher, als es die meisten privaten Unternehmen sind. Obwohl das Interesse der Arbeitnehmer an Sabbaticals riesig ist, wird dieses Instrument der Personalpolitik eher noch verhalten eingesetzt. Es gewinnt jedoch zunehmend an Fahrt. Immer mehr große Konzerne und innovative Start-ups bieten ihren Mitarbeitern inzwischen Sabbatical-Modelle an.

Die Qual der Wahl

Angebote und Möglichkeiten, eine längere Auszeit vom Job zu gestalten, gibt es unzählige. Was genau passend für Sie ist, hängt zum einen von den Gründen ab, die hinter Ihrem Wunsch nach einer Auszeit stehen, und zum anderen von Ihren Zielen.

BEISPIEL

Ein Wirtschaftsingenieur, Anfang 30, erzählt über seine Auszeit von sechs Monaten: »Wir (meine Lebensgefährtin und ich) haben eineinhalb Jahre vorher mit der Planung begonnen. Es war uns schnell klar, dass wir nach Südamerika reisen würden, mit Rucksack und Jeep. Wir wollten uns die Zeit gönnen, um mal rauszukommen aus dem ständigen organisatorischen und ziel- und zweckgebundenen Denken und Handeln. Stattdessen wollten wir die Seele baumeln lassen und Raum und Zeit haben für spontanes Erleben. Während dieser Monate hielten wir nur sehr sporadisch mit den engsten Kollegen (drei bis vier Mails in der Zeit) und etwas häufiger mit Familie und Freunden Kontakt.

Nach der Rückkehr haben wir geheiratet. Meine Frau ist zurück zu ihrem Arbeitgeber; sie hatte unbezahlten Urlaub. Ich selbst hatte gekündigt und mir nach unserer Rückkehr einen neuen Arbeitsplatz gesucht, mit leichten finanziellen Einbußen, aber besseren Entwicklungsmöglichkeiten.«

In der folgenden Tabelle finden Sie Anregungen für die Gestaltung Ihrer Auszeit.

Inspirationsliste: Sabbatical

- Lernen Sie eine Fremdsprache.

- Machen Sie sich fit: Meditation, Yoga, Schwimmen, Wandern, neue Sportarten, Kochen lernen. Hören Sie auf zu rauchen. Bereiten Sie sich auf einen Marathon/Triathlon vor. Stellen Sie Ihre Ernährung um und nehmen Sie ein paar Kilo ab. Sorgen Sie dafür, dass Sie sich energiegeladen und freudvoll fühlen, wenn Sie den Tag beginnen.

- Gehen Sie eine Zeit lang ins Kloster.

- Realisieren Sie ein privates Projekt, so z.B. einen Hausumbau oder Ihr eigenes Buch.

- Suchen Sie sich eine Nische und machen Sie sich selbstständig. Schauen Sie, was geht. Vielleicht können Sie Ihr Vorhaben ja nach einem Jahr zu Ihrer Vollzeitbeschäftigung machen oder es als Nebenjob weiterführen.

- Laufen Sie los: zu Fuß über die Alpen, ans Mittelmeer, an den Atlantik, nach Skandinavien. Sie benutzen kein Auto, keinen Bus, keine Bahn, kein Flugzeug. Maximal Fähren sind erlaubt. Entschleunigung pur!

- Spenden Sie Ihre Zeit einem sozialen Projekt – machen Sie ein sog. Social Sabbatical. Hilfe wird überall auf der Welt gebraucht, auch bei Ihnen vor Ort: Sie können in der Suppenküche helfen oder in einem Kinderdorf. Sie können irgendwo auf der Welt Englisch oder Deutsch unterrichten. Sie können geistig oder körperlich behinderte Kinder unterstützen. Sie können sich im Naturschutz engagieren – im Regenwald oder an der heimischen Nordseeküste.

- Arbeiten Sie freiwillig in der Landwirtschaft. Helfer auf Bauern- und Biohöfen werden immer gesucht. Natürlich können Sie auch Schafe in Irland hüten oder auf einer Ranch in Kanada helfen.

- Sie wollten schon immer wissen, wie es wäre, in einem ganz anderen Beruf zu arbeiten? Nutzen Sie das Jahr, um unterschiedliche Praktika in diversen Berufen zu machen – Berufe, auf die Sie neugierig sind oder die Sie selbst früher einmal in Planung hatten.

Es geht oft nicht darum, alles komplett zu verändern. Manchmal genügen einige Kleinigkeiten, um dem Leben eine andere Richtung und damit ein anderes Gefühl zu geben.

Entscheidungshilfen: Sind Sie bereit für eine Auszeit?

Viele Menschen gehen spontan und sehnsuchtsgetrieben mit ihrem Wunsch nach einer Auszeit um. Und mindestens ebenso viele Menschen ignorieren diese Sehnsucht, denn sie haben schlicht und einfach Angst, sich damit auseinanderzusetzen.

Reflexion: Ihre Motivation, Ihre Ziele

Die folgende Reflexion soll Ihnen dabei helfen, sich intensiv mit einer Auszeit auseinanderzusetzen.

Nehmen Sie sich ein Blatt Papier, einen Stift oder Ihr Laptop und eine Stunde Zeit an einem Ort, wo Sie sicher ungestört sind. Beantworten Sie möglichst ehrlich und ausführlich die folgenden Fragen. Nur Mut. Falls Sie für eine Frage erst recherchieren müssen, tun Sie das. Lassen Sie sie aus und setzen Sie sich innerhalb von 48 Stunden erneut vor Ihre Frageliste.

1. Warum denken Sie überhaupt über eine Auszeit nach? Nennen Sie mindestens drei Gründe.
2. Wozu soll das Sabbatical dienen? Was wollen Sie damit erreichen? Geben Sie sich nicht mit der ersten Antwort zufrie-

den. Fragen Sie sich bei jedem Gedanken noch mindestens zwei Mal: »Und wozu ist das gut?«

3. Wie lange muss Ihre Auszeit mindestens dauern, damit Sie die in Nr. 2 erwähnten Ziele sicher erreichen?

4. Falls Ihnen der in Nr. 3 genannte Zeitraum zu lange erscheint: Worauf müssten Sie verzichten, um die Auszeit zu verkürzen?

5. Vergleichen Sie die Vor- und Nachteile, die ein Sabbatical für Sie persönlich hätte. Erstellen Sie dazu eine Tabelle wie die folgende.

Vorteile: Was kann ich daraus privat und beruflich ziehen? Was bekomme ich dadurch?	Nachteile: Was würde ich vermissen? Was würde ich privat und beruflich verlieren?

6. Nun erstellen Sie noch eine zweite Liste: Wie würde Ihr Umfeld davon berührt werden? Welche Vor- und Nachteile hätten die anderen von Ihrer Auszeit? Auch hier bietet sich wieder eine Tabelle an.

7. Was meinen Sie: Wie reagiert Ihr nächstes Umfeld, also der Partner, die Kinder, Eltern, Geschwister, die besten Freunde, der Arbeitgeber, auf die Auszeit?

Wenn da nicht die Zweifel wären ...

Sie wollen immer noch ein Sabbatical machen? Nach der Reflexion oben vielleicht mehr denn je? Wenn da nur nicht diese Zweifel und Bedenken wären ... Vielleicht fragen Sie sich: Was ist, wenn

- ich danach auf dem beruflichen Abstellgleis lande?

- mir unterwegs das Geld ausgeht?

- mein Partner mich, während ich auf Reisen bin, betrügt?

- meine Eltern krank werden oder mein Kanarienvogel?

- ich mich langweile?

Sicher fallen Ihnen noch ein paar weitere Gründe ein, die gegen ein Sabbatical sprechen. Natürlich haben solche Überlegungen durchaus ihre Berechtigung, auch wenn diese Katastrophenszenarien in 90 % der Fälle nicht eintreten. Und weil wir keine hellseherischen Fähigkeiten haben, können wir nicht voraussagen, was in der Zeit dann tatsächlich passiert. Allerdings gilt das gleiche, wenn Sie die Auszeit nicht nehmen. Sie *glauben* nur, dass Ihre Zukunft dann kalkulierbarer und sicherer wäre. Sie ist es genauso wenig.

Einen Weg aus dieser Gedankenspirale finden Sie mit der Selbsterkenntnis-Methode der Bestsellerautorin Byron Katie (»The Work«). Nehmen Sie sich Zeit und beantworten Sie die folgenden vier Fragen am besten schriftlich:

1. Ist dieser Gedanke wirklich wahr?

2. Können Sie mit absoluter Sicherheit wissen, dass dies die Wahrheit ist?

3. Wie reagieren Sie, wenn Sie diesen Gedanken glauben? Was passiert dann in Ihnen?

4. Wer wären Sie, wenn Sie diesen Gedanken einfach nicht hätten?

Ausreden

Neben den Zweifeln gibt es da noch die Ausreden, die uns einfallen, um den Schritt ins Ungewisse doch nicht machen zu müssen. Meine Liste der am häufigsten gehörten Ausreden in puncto Sabbatical sieht so aus:

1. Ich kann mir das nicht leisten.

2. Dafür bin ich zu alt.

3. Dafür bin ich zu jung bzw. noch nicht lange genug im Job.

4. Das kann ich erst machen, wenn ich in Rente bin. Jetzt gerade geht es nicht (Vertrauen Sie mir: Wenn Sie dann in Rente sind, greifen wieder die Gründe 1 bis 2!).

Sie können jeden Satz gern noch beliebig oft mit »,weil ...« ergänzen. Sie werden zahlreiche, sicherlich scheinbar gute Gründe finden, warum Sie sich keine Auszeit nehmen können. Schade, denn so werden Sie Ihr Leben lang davon träumen, es jedoch nie wirklich machen.

Wenn Sie ehrlich sind, können Sie stattdessen aber auch einfach sagen: Ich habe Angst. Angst ist menschlich und auch vernünftig. Angst zu haben vor Situationen, die bedrohlich und ungewiss sind, hat schon manch einem Menschen das Leben gerettet. Unsere Angst möchte uns schützen. Aber leider verhindert sie damit auch, dass wir uns verändern, dass wir unser Dasein aktiv so gestalten, dass es (noch) besser zu uns passt.

Eine sehr hilfreiche Methode, solchen Ängsten zu begegnen, ist, sich viel Zeit und Ruhe zu nehmen für die Beantwortung der folgenden Fragen:

1. Was ist das Allerschlimmste, das passieren kann, wenn ich eine Auszeit nehme?

2. Wie wahrscheinlich ist das Szenario?

3. Wie könnte eine Lösung aussehen, wenn das Szenario eintritt?

4. Was kann ich im Vorfeld dafür tun?

BEISPIEL

> Zu 1: Ich bin gerade auf der anderen Seite der Erde – meine Mutter oder mein Vater wird plötzlich schwer krank und ich bin nicht da, um zu helfen.
>
> Zu 2: Meine Eltern sind nicht mehr die Jüngsten, sind jedoch noch fit; also steht es 50:50, dass sich meine Angst realisiert.
>
> Zu 3: Ich breche meine Weltreise ab und fahre nach Hause.
>
> Zu 4: Ich lege mir Geld dafür zurück und bitte meine Eltern, mich im Fall der Fälle sofort und ohne Ausnahme zu informieren.

Das sagen Juristen zur Pause vom Job

Von einem Tag auf den anderen die Koffer zu packen und den Alltag über Bord zu werfen, ist eine schöne Vorstellung. Leider lassen sich solche spontanen Entschlüsse so gut wie nie realisieren. Möglich ist das z. B. nur, wenn man die Phase zwischen zwei Jobs dafür nutzen kann oder sich nach einer Kündigung des Arbeitgebers ohnehin gerade neu orientiert – und obendrein keine Familie hat, die durch Job, Schule oder Ausbildung gebunden ist.

Ein schwierigeres Unterfangen ist es vor allem dann, wenn Sie angestellt sind und nach der Pause zu Ihrem alten Arbeitgeber zurückkehren möchten. Mit einem spontanen »Ich bin dann mal weg!« gelingt das sicher nicht. Ein Sabbatical braucht also Planung und Vorbereitung. Und das beinhaltet auch, dass Sie Ihrem Chef Gelegenheit geben, sich auf Ihre Auszeit einzustellen.

Nur ausnahmsweise: das Recht auf eine längere Auszeit

Wer ein Sabbatical nehmen möchte, ohne seinen Arbeitsplatz aufzugeben, dem bleibt meist nichts anderes übrig, als Überzeugungsarbeit beim Chef zu leisten. Anspruch auf eine komplette Auszeit hat man als ganz normaler Angestellter in der Privatwirtschaft nämlich in der Regel nicht. Im Gesetz ist nur das Recht auf die Verringerung der Arbeitsstunden geregelt

(Teilzeit- und Befristungsgesetz), nicht aber die vorübergehende Reduzierung der Arbeitszeit auf null.

Anders ist es bei Vater Staat. Für Beamte und Angestellte des öffentlichen Dienstes sowohl auf Bundesebene als auch in allen Bundesländern gibt es gesetzlich garantierte Möglichkeiten für Sabbaticals, wenn sie folgende Voraussetzungen beachten: Sie müssen für ein Sabbatical zwei bis sechs Jahre Vorlauf einplanen und quasi vorarbeiten. Während dieser Zeit erhalten sie zwei Drittel bis sechs Siebtel ihres Gehaltes bei voller Arbeitszeit. Ist diese Ansparphase vorüber, können sie bei gleichen Bezügen ein Jahr Auszeit nehmen.

BEISPIEL

Unter Professoren hat es lange Tradition, sich ein halbes bis ganzes Jahr Auszeit von der Lehrtätigkeit zu nehmen, um sich ganz der Forschung widmen zu können.

In der privaten Wirtschaft gibt es nur ausnahmsweise ein verbrieftes Recht zum Aussteigen auf Zeit, und zwar in folgenden Fällen.

- **Recht qua Betriebsvereinbarung oder Tarifvertrag:** Arbeiten Sie in einem großen Unternehmen mit einem starken Betriebsrat, lohnt sich ein Blick in Ihre Unterlagen zum Arbeitsvertrag oder ins Intranet. Vielleicht stoßen Sie dort auf eine Betriebsvereinbarung, in der Ansprüche auf eine längere Auszeit vom Job geregelt sind. Gibt es solche Regelwerke, haben Sie, wenn Sie die dort genannten Voraussetzungen erfüllen, einen garantierten Anspruch darauf, sich eine längere

Auszeit zu nehmen. Sie könnten dieses Recht notfalls dann sogar gerichtlich durchsetzen – was aber im Hinblick auf eine langfristige Zusammenarbeit nicht gerade ratsam ist.

> Gibt es einen Betriebsrat in Ihrem Unternehmen? Informieren Sie sich dort, ob entsprechende Vereinbarungen ausgehandelt wurden. Sie wollen Ihr Vorhaben zunächst noch nicht an die große Glocke hängen? Schauen Sie ins Intranet. Über die Websites dort finden Sie meist nützliche Informationen zu den Sonderleistungen in Ihrem Unternehmen. Auch die Personalabteilung gibt Auskunft darüber, ob andere Kollegen bereits Sabbatical-Erfahrungen sammeln durften.

- **Recht qua Arbeitsvertrag:** Zu den ganz wenigen Glücklichen gehören Sie, wenn das Recht auf ein Sabbatical direkt in Ihrem Arbeitsvertrag geregelt ist oder in einer Zusatzvereinbarung dazu – vielleicht, weil Sie bei Ihrer Einstellung bereits gut verhandelt haben oder weil Ihr Arbeitgeber Ihnen besondere Anreize bieten wollte, um Sie für sein Unternehmen zu gewinnen. Auch dann haben Sie, wenn die dort genannten Voraussetzungen vorliegen, ein Recht auf eine längere Auszeit, das, wenn es hart auf hart kommt, sogar einklagbar ist.

Wenn das Sabbatical Verhandlungssache ist

In allen anderen Fällen ist ein Sabbatical reine Verhandlungssache. Hier kommt es auf die richtigen Argumente zum richtigen Zeitpunkt an.

Das Wichtigste vorweg: Informieren Sie Ihren Chef rechtzeitig. In den meisten Unternehmen braucht ein Sabbatical zwischen sechs Monaten und zwei Jahren Vorlaufzeit. Wer gute Argumente hat und seinem Arbeitgeber auch noch viel Zeit lässt, der erhöht seine Chancen, dass der Vorgesetzte ja zum Sabbatical sagt.

Auf die folgenden Fragen sollten Sie sich gefasst machen und gute Antworten darauf parat haben.

Beliebte Fragen in der Sabbatical-Verhandlung
Was soll das bringen? Warum ist Ihnen eine längere Pause wichtig?
Muss die Auszeit so lange sein? Reicht nicht auch der Urlaub?
Welche Vorteile hat das Unternehmen von Ihrer Auszeit?
Wer könnte Ihren Job in dieser Zeit übernehmen?
Wie schnell könnten Sie einen möglichen Nachfolger einarbeiten?
Wann ist ein guter Zeitpunkt (Projektabschluss o. Ä.)?
Sind Sie zeitlich flexibel? Kann die Auszeit zu einem anderen Zeitpunkt stattfinden? Kann die Auszeit auch kürzer/länger sein?

Gute Argumente

Am meisten können Sie punkten, wenn Sie Ihre Auszeit als Gewinn für das Unternehmen verkaufen können. Sie haben bisher aber keine Idee, welche Vorteile Ihr Arbeitgeber aus Ihrer Auszeit ziehen könnte? Im Gegenteil: Sie vermuten zusätzlichen Aufwand und Kosten für ihn? Im Folgenden haben wir ein paar Argumentationshilfen für Sie zusammengestellt.

- Arbeiten Sie in einer Branche, in der es nur wenige Experten wie Sie gibt, haben Sie gute Karten, das Sabbatical beim Chef durchzusetzen. Machen Sie ihm schonend und durch die Blume klar, dass er Sie auf Dauer nur halten kann, wenn er Ihnen eine lange Leine lässt – was eben auch die Auszeit inkludiert. Besonders gut funktioniert das natürlich, wenn Sie gerade einen beruflichen Erfolg feiern konnten. Nutzen Sie die positive Stimmung, die dadurch entsteht, zu Ihren Gunsten.

BEISPIEL

Frank Melchior ist seit mehreren Jahren als Junior Consultant in einer Unternehmensberatung tätig. Sein Chef ist sehr zufrieden mit ihm. Auf einer Projektabschlussfeier vertraut er Frank an: »Demnächst werde ich Sie als Senior Consultant vorschlagen! Das ist längst fällig, so gut wie Sie arbeiten!« Melchior strahlt: »Oh, vielen Dank! Ihr Lob nehme ich zum Anlass, mit Ihnen in einer anderen Angelegenheit zu sprechen. Hätten Sie nächste Woche eine halbe Stunde Zeit dafür?«. In diesem Meeting erklärt Melchior sein Vorhaben: »Wissen Sie, nach fünf Jahren Arbeit möchte ich mir drei Monate Auszeit nehmen für einen Traum, den ich seit meiner Kindheit habe: Ich würde gerne mit meinem Vater zusammen eine Weltreise machen. Er ist 60 Jahre alt und nicht mehr allzu gesund. Wenn wir das jetzt nicht machen, dann klappt das sicherlich nie. Danach würde ich selbstverständlich gerne wieder bei Ihnen arbeiten. Da Sie mit meiner Arbeit offensichtlich zufrieden sind, wird es doch sicherlich einen Weg für eine solche Auszeit geben?«

- Wollen Sie die Auszeit für eine Weiterbildung, ein berufsbezogenes Praktikum, ein Zusatzstudium nutzen? Davon hat natürlich auch Ihr Arbeitgeber etwas. Die neu erworbenen Kenntnisse und Fähigkeiten kommen auch ihm zugute.

- In einigen Berufen spielen neben der fachlichen Expertise auch andere Fähigkeiten eine wichtige Rolle, um den Job optimal machen zu können. Planen Sie z. B. ein Social

Sabbatical, in dem Sie durch die Arbeit mit hilfsbedürftigen Menschen Ihre sozialen Kompetenzen stärken, profitieren Sie davon beruflich – und damit gewinnt auch Ihr Arbeitgeber.

BEISPIEL

Seit seiner Afrikareise kurz nach dem Abitur reizt es Martin Pflug, einmal in der Entwicklungshilfe im Sudan zu arbeiten. Mittlerweile sind 27 Jahre vergangen. Martin ist inzwischen als Führungskraft bei einem privaten Pflegedienst tätig. Nun mit Mitte vierzig, seine Kinder sind mittlerweile ziemlich selbstständig, möchte er den langgehegten Traum verwirklichen. Er spricht mit seinem Chef. Wider Erwarten hat der nur wenig gegen eine halbjährige Auszeit einzuwenden. Mit einem Schmunzeln stimmt er nach einem angenehmen Gespräch dem Ansinnen von Martin zu: »Ein halbes Jahr bekommen wir das schon hin. Weißt du, wenn du dort im Sudan zurechtkommst, profitier ich schließlich auch davon. Du wirst unter den ungleich besseren Arbeitsbedingungen hier wahrscheinlich nie mehr über zu viel Stress oder zu viele anstrengende Fälle klagen ...!«

- Sind in Ihrer Branche oder Ihrem Job Fremdsprachen oder Kenntnisse fremder Kulturen gefragt? Nichts ist effektiver, als sie im jeweiligen Land vor Ort zu verbessern – auch dies ist ein gutes Argument, dem Chef die Auszeit schmackhaft zu machen.

- Kamen andere Kollegen bereits in den Genuss eines Sabbaticals? Erkundigen Sie sich in der Personalabteilung, beim Betriebsrat oder im Kollegenkreis, mit welchen Argumenten andere die Auszeit durchsetzen konnten. Hüten Sie sich jedoch vor der »Wenn der das darf, dann darf ich das doch auch«-Begründung. Sie setzt Ihren Vorgesetzten unter starken Druck und wirkt ziemlich unsympathisch.

- Ihrem Arbeitgeber geht es wirtschaftlich schlecht, weil gerade Auftragsebbe herrscht? Dann kann ihm Ihr Sabbatical vielleicht helfen. Wenn Sie sich dafür unbezahlten Urlaub nehmen oder auf einen Teil Ihres Gehaltes verzichten, kann er Personalkosten einsparen – und das ganz ohne Kündigung und Abfindung.

- Warten Sie nicht zu lange! Je frühzeitiger Sie Ihre geplante Auszeit ankündigen, desto besser kann sich das Unternehmen auf Ihre Abwesenheit vorbereiten.

- Bleiben Sie sachlich und reagieren Sie nicht beleidigt, empört oder mit Unverständnis, wenn Ihr Chef Ihren Wunsch zunächst als »ganz unmöglich« abtut. Menschen müssen sich erst an neue Gedanken und Ideen gewöhnen. Lassen Sie auch Ihrem Vorgesetzten diese Gewöhnungsphase – und sprechen Sie ihn ein paar Wochen später noch einmal ruhig und sachlich auf das Thema an.

- Zeigen Sie sich flexibel und verhandlungsbereit. Sehr gut funktioniert das mit einem kleinen psychologischen Trick: Werfen Sie zunächst mehr in den Topf, als Sie eigentlich erreichen wollen. Dann können Sie hinterher leichter Zugeständnisse machen.

BEISPIEL

Rosalie Bauer sagt zu ihrem Chef: »Wissen Sie, ich hätte gerne ab November 2019 ein dreiviertel Jahr Auszeit, um nach Brasilien in ein Favela-Projekt zu gehen.« Ihr Vorgesetzter ist schockiert: »Ein dreiviertel Jahr? Das ist viel zu lang! Dann muss ich ja eine Vertretung für Sie einstellen.« Rosalie überlegt (scheinbar) und sagt dann: »Ja, das verstehe ich. Die Arbeit darf nicht liegenbleiben, klar! Was halten Sie denn von einem halben Jahr? Das, was in dieser Zeit anfällt, könnten doch die Kollegen Merz und Hauser miterledigen. Wir haben ohnehin im Winter nicht so viel zu tun.« Die Miene des Vorgesetzten hellt sich auf: »Na ja, das ist zwar auch noch sehr lang, aber vielleicht gerade noch machbar.« Sie ahnen es: Frau Bauer hatte bereits ein halbes Jahr im Sinn ...

- Chefs hassen Forderungen und Probleme genauso, wie sie Lösungen lieben. Präsentieren Sie zu Ihrem Wunsch daher auch gleich einen ausgeklügelten Plan. Überlegen Sie sich, wie Ihre Arbeit in Ihrer Abwesenheit verteilt werden könnte und in welcher Zeitspanne Ihr Ausstieg alles möglichst wenig beeinträchtigt, so z. B. in auftragsärmeren Zeiten.

BEISPIEL

Johann Schwarz ist angestellter Arzt in einer kleinen HNO-Praxis. Er will ein Jahr für die Organisation »Ärzte ohne Grenzen« nach Somalia gehen und hat auch schon eine Idee, wer ihn in seiner Abwesenheit vertritt. Sein ehemaliger Mentor und erster Arbeitgeber Dr. Hubert Meier ist seit zwei Jahren in Rente und langweilt sich zu Hause sehr. Zu gerne würde er nochmal in einer Praxis arbeiten. Da er durch den Verkauf seiner eigenen HNO-Praxis ausgesorgt hat, kommt es ihm nicht auf das Finanzielle an. Eine Win-win-Situation für alle Beteiligten: Der jetzige Chef von Dr. Schwarz bekommt eine sehr erfahrene und günstige Vertretungskraft; Dr. Meier langweilt sich nicht mehr und der junge Arzt kann nach seinem Sabbatical in seinen Job zurückkehren, dem ihm der Rentner nicht streitig macht.

Die optimale Vorbereitung auf das Gespräch

Alles zu seiner Zeit! Wählen Sie den Ort und den Zeitpunkt für das Gespräch mit Ihrem Vorgesetzten geschickt. Wenn Ihre Abteilung gerade in Arbeit versinkt und oder den Zuschlag für ein wichtiges Projekt unter Ihrer Leitung erhalten hat, ist es nicht besonders günstig, über ein Sabbatical zu sprechen. Auch wenn Sie vor kurzem den Job gewechselt haben, sollten Sie noch etwas warten, ebenso, wenn Sie gerade eine Auszeit in anderer Sache genommen haben, so z. B. Eltern- oder Pflegezeit. Dagegen ist ein erfolgreicher Projektabschluss oder die Phase, in der ohnehin das nächste Jahr geplant wird, eine gute Zeit für solche Gespräche.

Sabbatical-Verhandlungen lassen sich nicht mal so nebenbei führen oder kurz zwischen zwei Meetings. Lassen Sie sich einen Termin für das Gespräch geben mit einem Zeitfenster von ca. 60 Minuten.

Übung: Gesprächssimulation

Bereiten Sie das Gespräch mit Ihrem Partner, Ihrer Partnerin, einem guten Freund oder Kollegen vor. Simulieren Sie dazu die Verhandlungssituation. Ihr Gegenüber mimt den Chef und Sie antworten auf die wahrscheinlichsten Fragen. Hinterher lassen Sie sich ehrlich sagen, wie überzeugend Sie waren und was Sie noch besser machen können. Ein besonderer Lerneffekt stellt sich ein, wenn Sie das Gespräch mit der Smartphone-Kamera aufzeichnen lassen.

Sabbatical-Varianten

Aus Sicht der Juristen und entsprechend amtlich formuliert ist ein Sabbatical eine einvernehmliche vertragliche Arbeitsbefreiung, bei der die Pflicht zur Arbeitsleistung für einen befristeten Zeitraum ruht. Im Klartext heißt das: Sie müssen während dieser Zeit nicht ins Büro und arbeiten. Alle anderen Pflichten, die Sie als Arbeitnehmer haben, bleiben jedoch bestehen. Sie dürfen also Ihrem Arbeitgeber während der Pause keine Konkurrenz machen oder für andere Unternehmen arbeiten – es sei denn, Sie haben sich dafür vorher die (schriftliche!) Zustimmung Ihres Chefs geholt.

> Stellen Sie während Ihrer Auszeit fest, dass der jetzige Job nichts mehr für Sie ist und bewerben Sie sich bei anderen Arbeitgebern, müssen Sie die für Sie geltenden Kündigungsfristen beachten. Kündigen Sie also rechtzeitig, damit sich der neue Job nahtlos an die Pause anschließen kann!

Sabbatical ist nicht gleich Sabbatical. Existiert keine vorgefertigte Lösung via Betriebsvereinbarung, Arbeits- oder Tarifvertrag, gibt es viele verschiedene Stellschrauben, mit deren Hilfe Sie und Ihr Arbeitgeber sich die für beide Seiten passende Lösung basteln können. Eine wichtige Rolle spielen dabei vor allem die Faktoren Zeit und Gehalt.

Ansparmodelle

Es gibt Unternehmen, die ihren Arbeitnehmern sog. Zeitwertkonten einrichten. Sie funktionieren so ähnlich wie ein Sparkonto bei der Bank: Auf diesem Konto werden in einer Ansparphase Zeitguthaben notiert, die z. B. durch Überstunden erarbeitet werden. Auch nicht genommene Urlaubstage können dort – je nach individueller Vereinbarung – angerechnet werden. Arbeitszeitguthaben, die über eine längere Zeit angespart werden, werden dann entsprechend in Arbeitsentgelt umgerechnet.

Aber Achtung: Der gesetzliche Mindesturlaub – bei sechs Werktagen sind das 24 Tage – muss als Erholungszeit genommen werden. Es wäre also nicht zulässig, auf den gesamten Jahresurlaub zu verzichten, um ihn dann in ein Sabbatical im nächsten Jahr zu investieren. Möglich ist es jedoch, dem Konto Urlaubstage gutzuschreiben, die über das gesetzliche Mindestmaß hinausgehen.

BEISPIEL

> Lara Mai hat laut ihrem Arbeitsvertrag 30 Urlaubstage. Sechs davon kann sie sich für ein im nächsten Jahr geplantes Sabbatical aufsparen.

> Auch Überstunden dürfen Sie nicht unbegrenzt schieben, um Ihr Konto möglichst schnell zu füllen. Ihr Arbeitgeber muss dafür sorgen, dass Sie die im Arbeitszeitgesetz vorgeschriebenen Höchstarbeitszeiten einhalten.

Zu einem Zeitguthaben führt auch eine Teilzeitlösung. Dazu wird für die Ansparphase Teilzeit vereinbart, jedoch tatsächlich Vollzeit gearbeitet. Die Stunden, die so zusätzlich anfallen, wandern auf das Konto.

BEISPIEL

> Jakob Müller plant ein dreimonatiges Sabbatical. Um sich die freie Zeit dafür vorher anzusparen, vereinbart er mit seinem Chef Folgendes: Er arbeitet pro Woche weiterhin 40 Stunden, geht aber während der Ansparphase zur Teilzeit in Höhe von 30 Stunden pro Woche über und erhält dementsprechend ein bisschen weniger Gehalt. Die 10 Stunden wöchentlich werden seinem Zeitwertkonto gutgeschrieben.

Es ist ebenso denkbar, das Konto statt mit Zeit auch mit Geld zu füllen: Bei dieser Variante bleibt die Arbeitszeit gleich, man verzichtet jedoch während einer Ansparphase auf die Auszahlung eines bestimmten Teils des Gehalts. Diese Beträge werden dem Konto gutgeschrieben. Das funktioniert nach dem gleichen Prinzip im Übrigen auch mit Tantiemen und Boni.

BEISPIEL

> Maria Kiel lässt sich für ein halbes Jahr ein um 50 % reduziertes Gehalt pro Monat auszahlen, obwohl sie Vollzeit arbeitet. Das angesparte Geldguthaben nutzt sie für eine sich daran anschließende sechs Monate dauernde Weltreise.

Gehen Sie in Vorleistung, haben Sie ein Recht darauf, dass Ihr Arbeitgeber für das Wertguthaben und die darin enthaltenen Sozialversicherungsbeiträge eine sog. Insolvenzsicherung vornimmt (§ 7d Viertes Sozialgesetzbuch). Damit ist Ihr Guthaben auch dann gesichert, wenn der Arbeitgeber pleitegehen sollte.

Die Vorteile der Ansparvarianten

- Ansparmodelle wirken sich steuerlich günstig aus: In der Ansparphase müssen die Guthaben auf dem Konto nicht versteuert werden. Sie sind in dieser Zeit steuerfrei – und auch Sozialabgaben müssen darauf zunächst nicht entrichtet werden. Erst in der Freistellungsphase werden die Steuern und Sozialabgaben fällig, also dann, wenn die angesparten Guthaben ausgezahlt werden. Mit dieser Verlagerung von Teilen der Bezüge in die Zukunft und damit der Streckung des Gehalts über einen längeren Zeitraum lässt sich ganz gut Lohnsteuer sparen. Der Lohnsteuersatz ist dann über die gesamte Zeit gesehen niedriger.

- In der Freistellungsphase wird das Gehalt weitergezahlt, mit der Folge, dass auch die Sozialversicherungsbeiträge weiterhin vom Arbeitgeber getragen werden.

Endet Ihr Arbeitsverhältnis, noch bevor Sie ins Sabbatical gestartet sind, ist das Guthaben nicht etwa verloren:

- Lassen Sie sich das Guthaben auszahlen, wird es steuer- und sozialabgabenpflichtig.

- Das Guthaben kann auch steuerfrei zu einem neuen Arbeitgeber mitgenommen werden – vorausgesetzt, dieser spielt mit.

- Tut er das nicht, können Sie es auch auf die Deutsche Rentenversicherung Bund übertragen. Diese fungiert dann als Ersatz-Arbeitgeber und ist zur Übernahme verpflichtet. Sie können sich Ihr Guthaben von dort für Zeiten, in denen Sie von Ihrer Arbeit freigestellt sind, übertragen lassen.

> Die Finanzämter prüfen sehr genau, ob es sich um ein echtes langfristiges Zeitwertkonto und nicht etwa um ein normales Gleitzeitkonto oder Flexi-Konto handelt. Erkundigen Sie sich bei einem Steuerberater, ob die mit dem Arbeitgeber getroffenen Regelungen den steuerlichen Vorgaben entsprechen.

Corporate Volunteering

Eine sehr innovative und dabei gleichzeitig finanziell reizvolle Möglichkeit, den Arbeitgeber in ein Sabbatical einzubinden, ist das sog. Corporate Volunteering. Um sich in der Öffentlichkeit und bei potenziellen Bewerbern möglichst gut zu präsentieren, unterstützen mittlerweile so manche Unternehmen ihre Mitarbeiter, die sich in ihrem Sabbatical für einen guten Zweck engagieren, mit einer finanziellen Beihilfe. Vielleicht ist auch Ihr Arbeitgeber daran interessiert, Ihr Social Sabbatical auf diese

Weise zu fördern, um später dann Ihre Erfahrungsberichte auf der Unternehmenswebsite zu veröffentlichen?

BEISPIEL

Meike Arendt ist System-Administratorin bei einem großen deutschen Software-Konzern. Im Rahmen eines Social Sabbaticals hat sie einem jungen Start-up-Unternehmen in Brasilien, das ehemaligen Straßenkindern eine berufliche Zukunft bietet, drei Monate bei der Einrichtung seiner EDV-Systeme geholfen. Ihr Arbeitgeber hat sie für diese Zeit von ihrer Arbeit freigestellt und für die Dauer ihres Aufenthalts dort die Kosten für Unterkunft und Verpflegung übernommen. Dafür hat sich Frau Arendt verpflichtet, im Unternehmensblog über ihre Erfahrungen in Brasilien zu berichten.

Sabbatical in der Elternzeit

Auch die Elternzeit eignet sich für ein Sabbatical. Sie darf bis zum achten Lebensjahr eines Kindes genommen werden (siehe dazu näher das Kap. »Zeit für den Nachwuchs«).

BEISPIEL

Seit sie sich kennen, träumen Robert und Kerstin Wagner von einer Reise quer durch Kanada. Im Studium hatten sie dafür kein Geld, im Job fand sich bisher keine Zeit. Doch nun tut sich eine Chance auf: Mittlerweile haben sie Nachwuchs. Sie beschließen, beide drei Monate Elternzeit zu nehmen, wenn ihr Sohn fünf Jahre ist.

Vergessen Sie die Schulpflicht nicht, wenn Sie mit älteren Kindern eine längere Reise oder einen Auslandsaufenthalt planen. Denn den Nachwuchs vom Schulbesuch befreien zu lassen, ist nahezu unmöglich. Nur in ganz wenigen Ausnahmefällen ist das zulässig, so z. B. bei Diplomaten- oder Schaustellerkindern oder im Fall einer sehr schweren Erkrankung in der Familie.

Was nicht funktioniert: eine Weltreise als Bildungsurlaub zu etikettieren (so entschieden vom Verwaltungsgerichtshof Baden-Württemberg in einem Beschluss vom 25.02.2005, Aktenzeichen: 9 S 2735/04). Wer die Schulpflicht einfach ignoriert, um à la Kelly Family durch die Lande zu reisen, riskiert hohe Bußgelder oder sogar den Entzug des Sorgerechts.

Unbezahlter Sonderurlaub

Ihr Chef lässt sich trotz all Ihrer Überredungs- und Verhandlungskünste nicht auf ein Ansparmodell ein? Oft bleibt dann nur der Weg über den sog. unbezahlten Sonderurlaub. Aber auch eine solche Variante ist Verhandlungssache. Ein Recht auf diesen Urlaub, der eigentlich keiner ist, sondern vielmehr eine Freistellung vom Job ohne Anspruch auf Gehalt, haben Sie nicht.

Während des Sonderurlaubs ruht das Arbeitsverhältnis: Sie müssen nicht arbeiten – im Austausch dazu muss Ihr Arbeitgeber kein Gehalt zahlen. Alles andere bleibt unverändert. Sie können nach dem »Urlaub« an Ihren alten Arbeitsplatz zurückkehren. Kündigungsschutz und Urlaubsansprüche existieren weiterhin.

Kommen wir nun zum Pferdefuß dieser Variante: Unbezahlter Sonderurlaub hat einen wesentlichen Nachteil. Da Ihr Arbeitsverhältnis ruht und Ihr Arbeitgeber deswegen auch keine Bezüge zahlt, erlischt nach einer Art Schonfrist von vier Wochen Ihr Versicherungsschutz in der Sozialversicherung. Sie sind ab Tag 1 nach Ablauf der vier Wochen nicht mehr über Ihren Arbeitgeber kranken- und pflegeversichert. Bei längerem Sonderurlaub müssen Sie also selbst für Ihre Krankenversicherung sorgen. Auch Ihre Renten- und Arbeitslosenversicherung muss das Unternehmen während dieser Zeit nicht mehr zahlen.

Ultima Ratio und meist nicht empfehlenswert: Kündigung und Aufhebungsvertrag

Für Ihren Arbeitgeber ist ein Sabbatical, und sei es auch noch so kurz, ein No-Go und Sie überlegen deswegen, Ihren Job aufzugeben? Achtung: Lassen Sie sich nicht zu voreiligen Entscheidungen hinreißen. Das gilt vor allem dann, wenn Sie wütend sind, dass Ihr Arbeitgeber so unflexibel ist.

Eine Kündigung sollte immer die letzte Maßnahme sein, die Sie ergreifen, um sich Ihren Traum zu erfüllen. Denn sie hat negative Konsequenzen, die Ihr Sabbatical vielleicht sogar in noch weitere Ferne rücken lassen. Die Idee: »Ich kündige und leiste mir dann vom Arbeitslosengeld ein Sabbatical«, ist leider keine gute. Wenn Sie selbst den Anlass für die Beendigung des Arbeitsverhältnisses gesetzt haben – was Sie tun, wenn Sie kündigen –, tritt eine sog. Sperrzeit für den Bezug des Arbeitslosengeldes ein. Im Klartext heißt das: Sie bekommen erst einmal nichts. Die Sperre kann bis zu 12 Wochen andauern. Besonders nachteilig: Der Anspruchszeitraum verkürzt sich um die Dauer der Sperrzeit.

BEISPIEL

> Haben Sie eigentlich einen Anspruch auf 12 Monate ALG I, wurde jedoch vom Arbeitsamt eine Sperrzeit von 8 Wochen verhängt, erhalten Sie nach der Sperre nur noch 10 Monate Arbeitslosengeld ausbezahlt.

Eine Sperrzeit riskieren Sie in folgenden Fällen:

- wenn Sie selbst kündigen;
- wenn Sie die Kündigung seitens des Arbeitgebers provozieren, so z. B. wenn Sie einfach nicht mehr zur Arbeit erscheinen;
- wenn Sie im Einvernehmen mit Ihrem Chef einen Aufhebungsvertrag schließen.

Ihr Arbeitgeber wollte Ihnen ohnehin kündigen und Sie nehmen die Kündigung dankend an, weil Sie frei sein wollen für Ihr Sabbatical? Auch hier gibt es einen Haken: Wer Arbeitslosengeld I beziehen will, muss »arbeitssuchend« sein. Das heißt, er muss sich um einen neuen Job bemühen. Das kann je nach Einzelfall mehrere Maßnahmen erfordern, die jedoch allesamt Ihre Anwesenheit vor Ort voraussetzen: Meldepflichten, die Teilnahme an Weiterbildungsmaßnahmen, Bewerbungen bei neuen Arbeitgebern etc. Wer diese Bemühungen nicht an den Tag legt, weil er sich z. B. wegen seiner Auszeit im Ausland befindet, kassiert ebenfalls Sperrzeiten.

Die Sabbatical-Vereinbarung: riskante und empfehlenswerte Regelungen

In einigen Unternehmen haben sich Betriebsrat und Geschäftsführung zusammengesetzt und gemeinsam Sabbatical-Regelungen für die Belegschaft bzw. Teile davon ausgearbeitet. Existieren solche Betriebsvereinbarungen, haben Sie meist keinen Verhandlungsspielraum. Sie können dann nur darauf hoffen, dass der Betriebsrat möglichst arbeitnehmerfreundliche Regelungen durchsetzen konnte.

Wenn Ihr Arbeitgeber sich jedoch auf eine individuelle Sabbatical-Vereinbarung einlässt, sieht die Sache anders aus. Hier gilt es, die meist von der Personalabteilung vorformulierten Klauseln aufmerksam zu prüfen und auf eine Abänderung zu drängen, wenn eine Regelung zu einseitig die Interessen Ihres Chefs berücksichtigt.

- **Anspar- und Auszahlungsmodalitäten:** Legen Sie gemeinsam mit Ihrem Arbeitgeber fest, auf welche Weise Sie Ihr Zeitwertkonto mit Guthaben füllen können und wie sich die Freistellungsphase gestaltet. Tun Sie das möglichst detailliert, damit es später keine Diskussionen gibt.

- **Kündigung:** Es ist gut zu wissen, dass einem in der Auszeit nicht plötzlich eine Kündigung des Arbeitgebers ins Haus flattern kann. Erreichen können Sie diese Sicherheit, wenn Sie den Ausschluss der ordentlichen Kündigung für die Zeit des Sabbaticals vereinbaren. Ihr Chef wird dann vermutlich darauf dringen, dass dies für beide Seiten gilt.

- **Rückrufrecht:** Besonders nachteilig kann es sich auswirken, wenn sich Ihr Arbeitgeber ein Rückrufrecht vorbehält. Damit kann er Ihr Sabbatical vorzeitig beenden und Sie zurück an den Arbeitsplatz zitieren, wenn bestimmte Voraussetzungen erfüllt sind. Kommt es Ihnen auf Planungssicherheit an, weil Sie z. B. im Ausland unterwegs sein werden, sollten Sie mit

Ihrem Arbeitgeber ein Anfangs- und ein Enddatum für das Sabbatical festlegen – ohne die Möglichkeit des Rückrufs.

- **Vorzeitige Beendigung:** Das Leben hält immer wieder Überraschungen bereit. Vielleicht stellen Sie fest, dass die lang ersehnte Pause vom Job Sie langweilt. Vielleicht ändern sich Ihre Lebensumstände und das Sabbatical passt plötzlich überhaupt nicht mehr zur aktuellen Situation. Wer sich in der Vereinbarung ein Recht auf vorzeitige Beendigung der Auszeit sichert, hält sich für solche Fälle ein Schlupfloch zurück an den Arbeitsplatz offen. Je kürzer das Sabbatical ist, desto eher wird sich Ihr Arbeitgeber darauf einlassen. Bei längeren Auszeiten, für die Ihr Chef vielleicht sogar eine Vertretungskraft einstellen muss, ist ein solches Recht nur schwer verhandelbar.

- **Sicherung des alten Arbeitsplatzes:** Kommt es Ihnen darauf an, nach Ihrem Sabbatical wieder Ihre alte Tätigkeit auszuüben? Dann sollten Sie sich das in der Vereinbarung auch zusichern lassen, so z. B. durch folgende Regelung.

BEISPIEL

> »Nach Ende seines Sabbaticals wird der Arbeitnehmer wieder auf dem Arbeitsplatz beschäftigt, auf dem er vor dem Sabbatical tätig war.«

Hellhörig sollten Sie werden bei Klauseln, die Ihnen einen »vergleichbaren«, »entsprechenden« oder »ähnlichen« Arbeitsplatz garantieren. Hier behält sich Ihr Chef die Option vor, Sie nach Ihrer Rückkehr auch anderweitig einzusetzen – was er übrigens auch von Rechts wegen darf.

- **Krankheit:** Was passiert, wenn Sie krank werden im Sabbatical? Werden Krankheitstage aus der Freistellungszeit herausgerechnet oder spielen sie keine Rolle? Die Vereinbarung sollte diese Fragen möglichst eindeutig klären. Für diejenigen, die sich ihre Auszeit durch ein Ansparmodell verdient haben, ist es nur fair, wenn das Sabbatical um die Tage der Arbeitsunfähigkeit verlängert wird. Auf der sicheren Seite sind Sie mit der folgenden Regelung in der Vereinbarung.

BEISPIEL

> »Das Sabbatical verlängert sich um jeden Tag, an dem der Arbeitnehmer innerhalb dieses Zeitraumes arbeitsunfähig ist.«

Ähnliches gilt für Zeiten, in denen Sie als Arbeitnehmer wegen bestimmter Umstände nicht beschäftigt werden dürfen. Vor allem für Frauen kann das durchaus relevant werden: Was passiert, wenn Sie während Ihrer Auszeit schwanger werden und unter die Mutterschutzfristen fallen (siehe hierzu näher das Kap. »Das Mutterschaftsgeld«)? Am besten ist es natürlich, wenn die Auszeit dadurch unterbrochen wird.

- **Die Erlaubnis zu jobben:** Wer sein Sabbatical mit einem Ansparmodell »vorfinanziert«, ist nicht darauf angewiesen, währenddessen zu arbeiten. Er lebt von dem, was er sich vorher erarbeitet hat. Bei denjenigen, die unbezahlten Sonderurlaub dafür nehmen müssen, sieht es leider oft anders aus: Haben sie nicht dafür gespart, müssen sie mit einem Job für ihr tägliches Brot während der Auszeit sorgen. Trifft das auch bei Ihnen zu, sollten Sie mit Ihrem Arbeitgeber Regelungen dazu treffen. Denn kein Chef sieht es gerne, wenn die Mitarbeiter ihre Kraft und Energie während ihrer Auszeit in eine andere Tätigkeit stecken – vor allem dann nicht, wenn die Jobs sehr nahe an dem eigentlichen dran sind und damit sogar eine Konkurrenztätigkeit vorliegt.

Generell gilt: Halten Sie alles möglichst genau in einer schriftlichen Vereinbarung fest. Nur so stellen Sie sicher, dass sich alle Beteiligten später noch daran erinnern können. »Das sehen wir dann, wenn Sie wieder da sind!« – lassen Sie sich nicht durch Worte wie diese vertrösten. Wer weiß schon, ob Ihr Chef nach Ihrer Rückkehr immer noch da ist oder ob er sich an seine Zusagen erinnern kann?

Finanzierung

Ein Sabbatical will geplant sein. So eben mal spontan zu sagen: »Ich bin jetzt für ein paar Monate weg«, funktioniert nicht im realen Leben. Vor allem die Finanzierung der Auszeit, also das liebe Geld, ist der Grund, warum die Pause vom Job meist eine lange Vorlaufzeit hat. Wer für eine gewisse Zeit aus dem Alltag aussteigt, muss sich das auch leisten können.

Sehen Sie das Sabbatical als Projekt, das – wie das generell bei Projekten so ist – ohne Plan und Kalkulation höchstwahrscheinlich gegen die Wand fährt. Vor allem die Kalkulation der Kosten und der Einnahmen, die Sie während der Pause haben werden, ist sehr wichtig. Sie riskieren sonst, dass Sie Ihre Auszeit vorzeitig abbrechen müssen, weil Ihnen das Geld ausgeht.

Besonders wichtig: Versicherungen

Fein dran ist derjenige, der im Einvernehmen mit seinem Arbeitgeber ins Sabbatical startet und sich die Auszeit obendrein auch noch durch eine Ansparphase vorfinanziert hat. Er muss sich so gut wie nicht um bürokratische Angelegenheiten wie Versicherungen und Steuern kümmern. Seine Kranken-, Pflege-, die Renten- und die Arbeitslosenversicherung laufen weiter. Die Lohnsteuer wird automatisch von den monatlichen Gehaltszahlungen abgezogen. Sehr komfortabel also.

Das Einzige, was in dieser Situation in puncto Versicherungsschutz zu bedenken ist: Wer plant, für längere Zeit ins Ausland außerhalb der EU zu reisen, sollte unbedingt eine Auslandskrankenversicherung abschließen. Nur so lässt es sich verhindern, Arzt- und Krankenhauskosten dort aus eigener Tasche zahlen zu müssen. Denn die deutsche Krankenkasse zahlt im EU-Ausland und auch in einigen EU-Ländern nicht. Für ein Jahr kostet eine solche Versicherung ungefähr 800 Euro.

> Achten Sie darauf, dass Sie einen Langzeit-Tarif wählen. Die üblichen sehr günstigen Auslandskrankenversicherungen für Urlaubsreisen gelten im Schnitt nämlich nur für eine begrenzte Tagesanzahl pro Jahr.

Für diejenigen, die kein Ansparmodell beim Arbeitgeber durchsetzen konnten, ist der Start in ein längeres Sabbatical finanziell weit weniger bequem. Sie müssen sich nicht nur um eine Auslandskrankenversicherung kümmern, sondern für Vieles mehr vorsorgen.

- Kranken- und Pflegeversicherung: Haben Sie z.B. unbezahlten Sonderurlaub für die Auszeit genommen, sind Sie noch vier Wochen über den Arbeitgeber bei der Krankenversicherung versichert. Danach wird er Sie dort abmelden. Wer über diese »Ein-Monats-Schonfrist« hinaus Pause vom Job macht und keine nennenswerten Einnahmen hat, kann, wenn der Ehepartner gesetzlich krankenversichert ist, kostenlos bei der Familienversicherung unterschlüpfen. Geht das nicht, bleibt nur die freiwillige Krankenversicherung, die inklusive des Beitrags für die Pflegeversicherung um die 170 Euro pro Monat kostet. Halten Sie sich nur im EU-Ausland auf, bringt Ihnen in die deutsche Krankenversicherung in dieser Zeit nichts. Sprechen Sie mit Ihrer Krankenkasse. Meist können Sie eine sog. Anwartschaftsversicherung abschließen, mit der Folge, dass Sie während Ihrer Abwesenheit nur ganz geringe Beträge zahlen müssen und nach Ihrer Rückkehr wieder wie vorher versichert sind.

- Rentenversicherung: Wer unbezahlten Urlaub nimmt, wird vom Arbeitgeber während der Freistellungszeit beim Rentenversicherungsträger abgemeldet. Die Beitragslücke, die dadurch entsteht, können Sie jedoch selbst durch freiwillige Leistungen zur Rentenversicherung füllen. Sie bewegen sich je nach Verdienst zwischen 60 und 900 Euro. Infos zur Beitragshöhe erhalten Sie von der für Sie zuständigen Beratungsstelle bei der BfA, die Sie über die Website www.deutsche-rentenversicherung.de ermitteln können.

- Die Haftpflichtversicherung gilt auch im Ausland, allerdings meist nur bei vorübergehenden Aufenthalten für bis zu einem Jahr.

- Weitere Versicherungen: Blättern Sie Ihre Akten durch: Haben Sie Versicherungen abgeschlossen, für die laufend Beiträge anfallen, so z.B. Kapitallebensversicherungen oder andere Vorsorgepolicen? Telefonieren Sie mit den Anbietern. Vielleicht ist es möglich, sich davon vorübergehend freistellen zu lassen.

Die Kosten

Nicht nur der Versicherungsschutz will finanziert sein, sondern auch das tägliche Brot und die sonstigen Lebenshaltungskosten. Wer während des Sabbaticals nicht arbeitet oder die Auszeit nicht mit einem Ansparmodell vorfinanziert hat, muss dazu entweder vorher einen stattlichen Batzen Geld zurücklegen, oder für laufende Einnahmen sorgen, die die Ausgaben decken. Und davon gibt es viele.

Nehmen Sie sich ein Wochenende Zeit und kalkulieren Sie das Projekt »Sabbatical«. Schmökern Sie in Ihren Ordnern, in denen all die Belege schlummern, die Auskunft darüber geben, wie viel Sie Ihr Leben monatlich kostet.

- Welche finanziellen Verpflichtungen haben Sie derzeit? Schreiben Sie alle Beträge untereinander: Miete, Strom und Wasser, Versicherungen, Unterhaltszahlungen für Kinder und (Ex-)Partner, Zinsen und Tilgungen für Eigentum, Kosten für Verpflegung, Hobbys und Mitgliedschaften in Vereinen, Online-Portalen, Fitness-Studio, Zeitschriften-Abos, Auto und sonstige Fortbewegungsmittel, Monatskarte für den ÖPNV, Kontaktlinsen, GEZ etc. Sind Sie selbstständig, vergessen Sie nicht eventuell anfallende Steuernachzahlungen für vergangene Jahre.

- Welche dieser Kosten fallen während des Sabbaticals weg? Schreiben Sie alle Beträge untereinander, die Sie einsparen können. Vielleicht überlegen Sie ja, Ihr Auto zu verkaufen oder Ihre Wohnung aufzugeben. Vielleicht können Sie Versicherungen während der Auszeit beitragsfrei stellen lassen. Vielleicht sind die Lebenshaltungskosten im Reiseland geringer? Einen ersten Anhaltspunkt darüber gibt Ihnen der sog Spotify-Index. Er vergleicht weltweit die Preise für einen Premium-Zugang zum bekannten Musikstreaming-Dienst (http://mts.io/projects/spotify-pricing/).

- Welche Kosten kommen zur Vorbereitung oder in der Auszeit noch hinzu? Das können z. B. Reise- und Unterkunftskosten sein sowie zusätzliche Versicherungen. Planen Sie einen Auslandsaufenthalt, sollten Sie sich über diese Kostenpunkte besonders gut informieren. Wer mehrere Monate in New York oder Singapur leben möchte, muss z. B. horrende Mieten einkalkulieren.

- Wenn Sie ein Social Sabbatical vorhaben, sollten Sie mit Ausgaben und nicht mit Einnahmen rechnen. Seitens der Hilfsorganisation wird häufig nur für Kost und Logis gesorgt, manchmal nicht einmal dafür. Ein Entgelt für die Mitarbeit gibt es so gut wie nie, häufig müssen sogar Vermittlungsgebühren vom Teilnehmer gezahlt werden, die schon mal 1.000 Euro ausmachen.

- Planen Sie einen Sicherheitszuschlag ein für unerwartete Ausgaben. Je mehr in der Auszeit anders sein soll als in Ihrem »normalen« Leben, desto höher sollte dieser Puffer ausfallen. Derjenige, der auf eine Weltreise geht, riskiert mehr unerwartete Kosten als derjenige, der im Kloster ist oder zu Hause ein Buch schreibt.

	Laufende Kosten
–	Kosten, die wegfallen
+	Kosten, die zusätzlich anfallen
+	Puffer
=	Kosten des Sabbaticals

So sparen Sie Wohnkosten

Zu Buche schlagen vor allem die Kosten für das Wohnen. Wer einen Auslandsaufenthalt plant, hat doppelte Kosten: zu Hause und vor Ort.

Unterkunft: Sparmöglichkeiten

(Unter-)Vermieten Sie Ihre Wohnung zu Hause vorübergehend. Aber Achtung: Wer selbst Mieter ist, braucht hierfür die Erlaubnis seines Vermieters. Insbesondere auch dann, wenn er die Wohnung über Wohnen-auf-Zeit-Agenturen wie Airbnb anbietet.

Können Sie Ihre Wohnung vielleicht sogar kündigen? Das bietet sich vor allem bei langen Sabbaticals an. Aber Vorsicht: Bedenken Sie dabei die Folgekosten, wie z. B. für die Endrenovierung, für den Umzug, die Einlagerung Ihrer Möbel, und eventuell Kosten für die Beauftragung eines Immobilienmaklers nach Ihrer Rückkehr.

Um auf der Reise teure Hotels, Pensionen und Boarding Houses meiden zu können, bietet sich das sog. Couchsurfing an (siehe z. B. www.bewelcome.org oder www.couchsurfing.com). Sie können damit kostenlos bei privaten Gastgebern in aller Welt vorübergehende Bleibe finden. Allerdings setzt es voraus, dass Sie irgendwann nach Ihrer Rückkehr selbst Gastgeber in Ihrer Wohnung werden.

Diverse Social-Sabbatical-Anbieter sorgen für Kost und Logis z. B. in Gastgeberfamilien.

Eine andere gute Chance, ganz umsonst sogar recht komfortable Bleiben im Ausland zu finden, ist das Housesitting: Sie wohnen für eine bestimmte Zeit kostenlos und kümmern sich im Austausch dazu um Haus und Haustiere. Über Internet-Portale wie z. B. www.trustedhousesitters.com finden Sie schnell entsprechende Angebote.

Die Habenseite

Haben Sie alle Kosten aufgeführt? Dann sollten Sie sich jetzt Ihre Einnahmen näher ansehen. Listen Sie hier alles auf, was Sie als Plus verbuchen können. Dazu zählen alle Beträge, die während der Auszeit sicher auf Ihrem Konto eingehen werden, und die Summen, die Sie vorab zurückgelegt haben.

- Die simpelste finanzielle Absicherung während der Auszeit ist ein Guthaben, das Sie extra dafür angespart haben. So finanzieren sich übrigens die meisten Aussteiger – laut einer Umfrage aus dem Jahr 2015 an die 72 % (Statista 2017). Teilen Sie das Ersparte am besten auf die Monate auf, in denen Sie nichts verdienen. Der Grund: Was sich viel in Summe anhört, ist auf Monate heruntergebrochen nur noch ein relativ kleiner Betrag – vor allem dann, wenn davon noch die laufenden Kosten abgezogen werden (siehe dazu sogleich).

> Auch wenn man daran gar nicht denken mag: Es gibt ein Leben nach dem Sabbatical. Haben Sie Ihren Job wegen der Auszeit aufgegeben, sollten Sie sich auch für ein paar Monate danach ein finanzielles Polster schaffen.

- Work & Travel ist für viele Aussteiger *die* Option, um möglichst viel von der Welt zu sehen, gleichzeitig auch noch in verschiedene Tätigkeiten zu schnuppern und obendrein die Reisekasse aufzubessern. Wer auf Nummer sicher gehen möchte, sorgt vor und organisiert sich bereits von zu Hause aus einen Job in der Ferne – zumindest für die Anfangszeit. Hüten Sie sich davor, Einnahmen aus solchen Beschäftigungen einfach zu schätzen. Wer denkt: »Das wird schon gutgehen!«, riskiert den vorzeitigen Abbruch seiner Reise wegen akuter Geldnot. In einigen Ländern ist es ziemlich schwer, einen Job zu bekommen, in anderen ist es für Touristen verboten zu arbeiten, in wieder anderen benötigen Sie eine Erlaubnis.

BEISPIEL

> In den USA brauchen Sie für jede noch so kurze Tätigkeit ein Arbeitsvisum. In Australien und Neuseeland können 18- bis 30-jährige Deutsche ein sog. Working Holiday Visum beantragen, mit dem sie 12 Monate arbeiten dürfen. Auch in Kanada gibt es solch ein Visum für 18- bis 35-jährige. Allerdings wird dort pro Jahr nur eine bestimmte Anzahl dieser Visa ausgestellt.

Informationen zu den jeweiligen Voraussetzungen für eine Arbeitserlaubnis gibt es bei Botschaften und Konsulaten. Holen Sie sich diese Infos weit vor Ihrer Reise. Die Beantragung von Arbeitsvisa dauert häufig mehrere Monate!

> Wer jobbt, muss in der Regel dafür Steuern abführen. Neben dem Finanzamt muss auch der Arbeitgeber über die Nebentätigkeit informiert sein – und zwar, *bevor* Sie sie aufnehmen. Finger weg von Tätigkeiten, die dem Arbeitgeber Konkurrenz machen. Sie riskieren damit Ihren Hauptjob – es sei denn, Ihr Arbeitgeber hat zugestimmt.

Was übrig bleibt: das Ergebnis Ihrer Kalkulation

Haben Sie Ihre Ausgaben und Ihre Einnahmen ermittelt, geht es nun ums Ergebnis der Kalkulation. Ziehen Sie dazu die Kosten, die Sie tatsächlich während der Auszeit haben werden, von Ihrer Habenseite, also Ihren Einnahmen, ab. So sehen Sie, ob Sie sich das Sabbatical leisten können. Ergibt sich ein Minusbetrag, sollten Sie darüber nachdenken, ob Sie noch etwas sparen sollten, bevor Sie Ihren Traum verwirklichen.

BEISPIEL

Klara Schumann hat in den letzten Jahren immer wieder mal ein wenig von ihrem Gehalt zur Seite gelegt, um irgendwann für 10 Monate aus dem Alltag aussteigen zu können und eine Reise quer durch Südamerika zu unternehmen. Da ihr derzeitiger Arbeitgeber nichts von einer solchen langen Auszeit hält, wird sie ihren Job wohl oder übel kündigen müssen. Mittlerweile hat sie 10.000 Euro angespart. Sie sagt zu ihrem Freund: »Schau, das reicht doch schon fast aus!« Er schmunzelt: »Na ja, 1.000 Euro pro Monat hören sich zwar gut an. Guck dir aber mal die Kosten an, die du hast in der Zeit. Hier steht: für die Miete deiner Wohnung 400 Euro, für Versicherungen insgesamt 200 Euro, für Verpflegung, Unterkunft, Bahn- oder Bustickets 600 Euro. Macht insgesamt 1.200 Euro an Kosten. Monatlich fehlen dir also 200 Euro, und hier sind ein Puffer für unerwartete Ausgaben und das Flugticket hin und zurück noch gar nicht eingerechnet. Entweder du schaust, ob du deine Wohnung hier untervermieten kannst, oder du sparst doch noch ein kleines bisschen mehr.«

Organisation

Es gibt natürlich unzählige Möglichkeiten, das Sabbatical für sich passend zu gestalten. Doch egal ob Jakobsweg, Weltumsegelung, Kloster oder Social Sabbatical – wer Vorhaben plant, die außerhalb der eigenen vier Wände stattfinden, muss sich rechtzeitig um deren Organisation kümmern.

- Passendes Projekt: Definieren Sie, welche Ziele Sie mit Ihrem Sabbatical verfolgen wollen. Ist es das eigene Buch? Die Flucht aus dem Hamsterrad oder der Wunsch, anderen zu helfen? Wer sich sozial engagieren möchte, sollte viel Zeit für die Suche nach dem passenden Projekt einplanen. Es gibt in diesem Bereich unzählige Angebote.

Organisiertes soziales Engagement: Anbieterbeispiele	
Vermittlungs-agenturen	Wer nicht viel Zeit hat, kann sich an Reiseveranstalter wenden, die auf Freiwilligenarbeit spezialisiert sind. Sie verlangen dafür jedoch meist nicht zu knappe Vermittlungsgebühren und Provision.
Freiwilligendienst	Wer die 30 noch nicht überschritten hat, kann sich in dieses staatliche Programm aufnehmen lassen. Damit lässt sich viel Geld sparen, denn Reisekosten, Sprachkurse, Impfungen werden hier übernommen bzw. bezuschusst. Auch die gesetzliche Krankenversicherung ist inklusive. Freiwilligendienste sind z. B. Freiwilliges Soziales Jahr, Europäischer Freiwilligendienst, Weltwärts, Kulturwärts.
Internationaler Frei-willigendienst	Für Menschen jenseits der 30 existiert dieses Angebot. Je nach Anbieter entstehen hier unterschiedliche Kosten. Mehr Infos unter www.internationale-freiwilligendienste.org.
Freiwilligenprogramm der Vereinte Nationen	Wer in dieses Programm aufgenommen werden will, braucht einen Universitätsabschluss oder eine qualifizierte technische Ausbildung, muss mind. 25 Jahre alt sein und mind. zwei Jahre Berufserfahrung haben (www.unv.org).
Senior Experten Service	Dieser Service der Stiftung der Deutschen Wirtschaft für internationale Zusammenarbeit ist für Fachleute aus unterschiedlichen Branchen ab 30 Jahren gedacht. Man kann damit min. 3 Wochen bis max. 6 Monate ins Ausland gehen, hat freie Kost und Logis. Die Transportkosten und Versicherungen werden übernommen. Für einige Aufgaben gibt es eine Tagespauschale (www.ses-bonn.de).

Organisiertes soziales Engagement: Anbieterbeispiele	
Missionar auf Zeit	Dieses Programm bietet jüngeren Menschen ab 18 Jahren mit Bezug zur Kirche ein Jahr oder länger Mitarbeit in Projekten von Ordensgemeinschaften weltweit. Je nach Ordensgemeinschaft ist die Finanzierung durch das Programm »Weltwärts« möglich.
Stiftung Manager ohne Grenzen	Für Manager und Führungskräfte gibt es diese Organisation (https://stiftung-managerohne-grenzen.de).

- Reisetickets: Je früher Sie Flüge und Bahnfahrten buchen, desto günstiger sind sie in der Regel. Speziell für diejenigen, die noch nicht wissen, wann sie wieder zurückkehren, gibt es sog. Open Return Tickets.

- Reisepass: Mit Ihrem Personalausweis kommen Sie nicht weit. In die meisten Länder außerhalb der EU dürfen Sie nur mit einem Reisepass einreisen, der noch mindestens sechs Monate gültig ist.

- Visum bzw. Aufenthaltserlaubnis: Für die Einreise in ein außereuropäisches Land brauchen Sie in der Regel ein Visum oder für längere Aufenthalte eventuell eine Aufenthaltserlaubnis. Welche Dokumente Sie für welches Land benötigen, erfahren Sie auf der Website des Auswärtigen Amtes (www.auswaertiges-amt.de/DE/Laenderinformationen). Dort gibt es auch viele weitere nützliche Informationen zu den Ländern, wie z. B. zum notwendigen oder empfohlenen Impfschutz, permanent aktualisierte Sicherheitshinweise, Zollvorschriften und Verhaltensregeln.

- Arbeitserlaubnis: Beantragen Sie rechtzeitig eine Arbeitserlaubnis oder ein Arbeitsvisum, wenn Sie im Ausland jobben wollen.

- Gesundheits-Check: Vor allem diejenigen, die auf große Reise gehen, sollten sich rechtzeitig und umfassend untersuchen lassen. Das inkludiert auch einen Besuch beim Zahnarzt.

- Impfschutz: In manche Länder dürfen Sie nur einreisen, wenn Sie bestimmte Impfungen nachweisen können. Für wieder andere Länder gibt es zwar keine solche Impfpflicht, allerdings werden für diese Regionen bestimmte Impfungen dringend empfohlen. Lassen Sie sich von Ihrem Hausarzt oder noch besser von einem Tropenmediziner beraten, welche Impfungen Sie benötigen. Am besten geschieht dies ein halbes Jahr vor der Abreise, denn viele Impfdosen müssen mehrmals verabreicht werden, damit sie ihren vollen Schutz entfalten.

- Auslandskreditkarte: Ohne Kreditkarte läuft vor allem in den USA und in Kanada nichts. Mittlerweile bieten mehrere Kreditinstitute den Service, weltweit mit der Kreditkarte kostenlos Bargeld abzuheben.

- Bankkonto: Wer plant, im Ausland zu arbeiten, braucht vor Ort ein Bankkonto. Ausländische Arbeitgeber überweisen nämlich in der Regel wegen der dafür anfallenden Kosten nicht auf ein deutsches Girokonto.

- Mobiltelefon: Auch im Ausland erreichbar zu sein für die Lieben zu Hause ist natürlich wichtig. Die deutschen Telefongesellschaften bieten Roaming-Tarife für alle Länder dieser Welt an. Sie sind aber nur sehr selten günstiger als die Angebote vor Ort. Wer kostenlos nach Deutschland telefonieren möchte, nutzt nach wie vor am besten Skype oder vergleichbare Internet-Telefonie-Anwendungen.

- Kündigung oder Ruhen von Verträgen: Auf welche Abos können Sie während Ihres Sabbaticals verzichten? Sind Sie Mitglied in einem Fitnessstudio? Achten Sie auf die Kündigungsfristen, die in den Verträgen vorgesehen sind. Eine Variante, die sich besonders anbietet, wenn Sie die rechtzeitige Kündigung versäumt haben: die vorübergehende Freistellung vom Vertrag. Der Vertrag ruht dann, bis Sie wieder im Lande sind.

> Durchforsten Sie sorgfältig Ihre Akten. Oft entdeckt man dort Vertragsbindungen, die man gar nicht mehr in Erinnerung hatte.

Auf einen Blick: Auszeit für sich selbst

- Für Angestellte ist ein Sabbatical meist Verhandlungssache. Ein Recht auf diese vorübergehende Arbeitsbefreiung haben Arbeitnehmer nur dann, wenn es in ihren Arbeitsunterlagen, so z. B. dem Arbeitsvertrag oder Betriebsvereinbarungen, vorgesehen ist.

- Für Arbeitnehmer gibt es verschiedene Varianten, sich ein Sabbatical zu ermöglichen: Die sicherste ist das Ansparmodell, bei dem in einer Ansparphase im laufenden Arbeitsverhältnis Zeit oder Geld angespart und in der Freistellungsphase ausgeschüttet wird.

- Ein Sabbatical muss gut finanziert sein. Damit es nicht wegen Geldmangels vorzeitig abgebrochen werden muss, sollten Sie Ihre Ausgaben und Einnahmen in der Pause vorab so genau wie möglich kalkulieren.

- Einfach mal so weg? Eher nicht! Betrachten Sie das Vorhaben »Sabbatical« als Projekt, das wie jedes andere Projekt am besten funktioniert, wenn Sie ein Ziel und einen Plan haben.

Und danach?

Auszeiten schaffen Abstand zum »alten Leben« und damit einen neuen Blickwinkel auf das, was vor der Pause war. Für viele sind sie ein Anlass, darüber nachzudenken, ob alles das, was man vorher hatte, noch passt oder ob nun der Schritt in eine ganz andere Richtung ansteht.

In diesem Kapitel erfahren Sie u. a.,

- was Ihnen bei dieser Reflexion hilft,
- wie Ihnen ein sanfter Wiedereinstieg gelingt,
- warum eine Auszeit keine Lücke im Lebenslauf sein muss.

Zurück zum Gewohnten oder etwas ganz Neues starten?

Auszeiten haben oft einen Perspektivenwechsel zur Folge. Sie lassen uns mit Abstand auf unser bisheriges Leben blicken. Manchmal kommen wir dann zum Schluss, dass wir den Alltag, wie wir ihn bisher hatten, nicht mehr möchten – dass etwas anderes her muss in unserem Leben.

BEISPIEL

Alexa Blessing ist Abteilungsleiterin bei einer großen Versicherung. Sie hat sich zwei Jahre Elternzeit für ihren Sohn Justus genommen. Gemeinsam mit anderen Müttern hat sie während dieser Phase eine Elterninitiative ins Leben gerufen, um für ihren Sohn einen Betreuungsplatz zu haben, wenn sie wieder arbeiten geht. Alexa und ihre Mitstreiterinnen stellen bald schon fest: Der Bedarf an Betreuungsplätzen im Ort ist riesig. Sie beschließen deshalb, eine private Kindertagesstätte zu gründen. Alexa, die für dieses Projekt brennt, soll als Geschäftsführerin der KiTa arbeiten. Sie kann sich gar nicht mehr vorstellen, in ihrem alten Job tätig zu sein, und beschließt, ihn zu kündigen.

So wie Alexa aus dem Beispiel geht es vielen, die durch eine Pause Abstand von ihrem alten Berufsleben gewonnen haben: Sie wollen nicht mehr in ihren alten Job zurückkehren, obwohl sie es rechtlich und faktisch gesehen könnten. So klar wie bei Alexa ist die Entscheidung für viele andere jedoch nicht.

Wie steht es mit Ihnen? Freuen Sie sich auf Ihre alte Tätigkeit? Oder ist der Gedanke daran Ihnen eher unangenehm?

Mithilfe der folgenden Fragen können Sie herausfinden, ob Sie ganz intensiv über einen Jobwechsel nachdenken sollten. Kreuzen Sie an, ob Sie eher mit Ja oder eher mit Nein antworten würden.

	Ja	Nein
Erinnern Sie sich gerne an Ihren Job, so wie er war?		
Können Sie es kaum erwarten zurückzukehren in den Kollegenkreis?		
Haben Sie ein positives Gefühl, wenn Sie über Ihren Vorgesetzten nachdenken?		
Freuen Sie sich auf Ihre Arbeit, Ihre Tätigkeiten, die Sie ausgeführt haben?		
Sind Sie voller Tatendrang und bereit, wieder so richtig durchzustarten an Ihrem Arbeitsplatz?		

Wie viele Häkchen konnten Sie bei Ja setzen? Wie viele Fragen mussten Sie mit Nein beantworten? Überwiegen die Nein-Antworten, sollten Sie Ihren alten Job hinterfragen: Aus welchen Gründen wollen Sie dorthin zurückkehren? Fällt Ihnen »nur« das Argument »Geld« ein, sollten Sie überlegen, ob Sie an die Auszeit eine intensive Bewerbungsphase bei anderen Arbeitgebern anschließen lassen.

> Natürlich arbeiten Sie vor allem auch deswegen, um sich Ihr Leben leisten zu können. Geld ist aber nicht alles und macht nachweislich nicht glücklich, wie diverse Studien belegen.

Besonders gut sollten Sie über einen Wechsel nachdenken, wenn Ihr alter Job Sie an den Rand eines Burn-outs oder sogar darüber hinaus gebracht hat: Haben Sie und vor allem Ihr Chef Vorsorge dafür getroffen, dass so etwas nicht noch einmal passiert? Die schönste und erholsamste Auszeit bringt nichts, wenn Sie danach wieder im Hamsterrad vor sich hin treten, als ob nichts geschehen sei.

Wie Ihnen ein sanfter Wiedereinstieg gelingt

Vielen fällt es nach einer längeren Auszeit schwer, sich wieder in den Alltagsrhythmus einzugewöhnen. Gleich von null auf hundert durchzustarten, ist keine gute Idee. Gestalten Sie den Anfang so schonend wie möglich.

Zurück in den alten Job

1. Wer während der Auszeit Kontakt zu den Kollegen gehalten hat, findet leichter wieder in den Job zurück. Schicken Sie zwei bis drei Mails pro Monat oder telefonieren Sie einmal monatlich mit dem Büro. So signalisieren Ihren Kollegen und Ihrem Chef, dass Sie sich auch während Ihrer Auszeit für sie und das Unternehmen interessieren. Je länger Sie weg sind, desto wichtiger ist das. Ein weiterer Pluspunkt des Kontakthaltens: Sie bleiben im Thema, weil man Sie in den Gesprächen sicherlich auch über laufende Projekte informiert.

2. Arbeiten Sie in einer Branche, die permanenten Änderungen unterworfen ist, sollten Sie sich ein paar Monate vor Ihrem Wiedereinstieg in die Neuerungen einlesen, die sich mittler-

weile ergeben haben. Vielleicht können Sie sich dazu Unterlagen von guten Kollegen besorgen oder in Fachzeitschriften schmökern. Sie stellen damit sicher, dass Sie über Wichtiges bereits vorab informiert sind. Beim Start prasselt dann nicht zu viel Neues auf Sie ein.

3. Anfangs wird man Sie – vor allem nach einem längeren Sabbatical – misstrauisch beäugen: Ist er noch der Alte? Hat sie sich verändert und ist sie jetzt nicht mehr so leistungsfähig? Zeigen Sie Ihrem Chef und Ihren Kollegen, was Sie während der Auszeit gewonnen haben: Selbstvertrauen und neue Kraft.

4. Machen Sie sich Gedanken darüber, was Sie aus Ihrer Auszeit in den Alltag mitnehmen möchten. Das gilt vor allem dann, wenn Anlass für die Pause der große Stress im Job war. Haben Sie sich angewöhnt, jeden Tag eine Stunde draußen zu sein oder Sport zu machen? Ein Instrument zu spielen? Machen Sie das weiter! Planen Sie feste Zeiten dafür ein. So verhindern Sie, dass Sie in den Trott vor Ihrer Auszeit zurückfallen. Hier ein paar Tipps für kleine Auszeiten, die sich ohne Probleme in den Alltag integrieren lassen.

Kleine Auszeiten vom Alltag
Gehen Sie mal wieder ins Kino, in ein Konzert oder ins Theater.
Wann haben Sie zuletzt bei lauter Musik zu Hause getanzt?
Gehen Sie mit Freunden am See picknicken.
Machen Sie regelmäßig Sport.
Gönnen Sie sich hin und wieder eine Massage.
Gehen Sie spazieren.

Kleine Auszeiten vom Alltag
Telefonieren Sie lange mit einer Freundin, verbringen Sie den Abend mit einem Freund in einer Kneipe, ganz wie in alten Zeiten.
Lesen Sie ein gutes Buch (nein, kein Fachbuch).
Meditieren Sie.
Kochen Sie sich etwas Schönes.
Machen Sie Yoga.
Gönnen Sie sich einen Wellness-Tag.
Legen Sie sich ein Beet oder ein Stück Acker an.
Stellen Sie für einen Tag das Telefon ab und checken Sie weder Mails noch Social Media.
Fahren Sie am Wochenende irgendwohin – lassen Sie sich treiben ohne Plan und Ziel.
Machen Sie einmal nur das, was Ihre Kinder wollen.
Genießen Sie die ersten Sonnenstrahlen im Frühling auf einer Parkbank statt in der Kantine.
Setzen Sie sich morgens mit einer Tasse Kaffee auf Ihren Balkon oder Ihre Terrasse.
Treffen Sie sich zum Mittagessen mit einer Freundin/einem Freund.
Antworten Sie auf Anfragen wie: »Können Sie bitte mal schnell ...«, mit: »Gern! Nachher.«

Und vergessen Sie bei Ihrem Start in den Alltag niemals diese eine kleine Weisheit: Freiheit beginnt im Kopf.

So bereiten Sie einen beruflichen Neustart vor

Wenn Sie die Auszeit dazu nutzen wollen, sich beruflich neu zu orientieren, dann sollten Sie einen guten Teil Ihrer Pause damit verbringen, sich hierfür die entsprechenden Kompetenzen anzueignen oder sie zu vertiefen.

- Sie wollen sich selbstständig machen? Erkundigen Sie sich bereits Monate vorher über die rechtlichen und finanziellen Voraussetzungen bei Behörden, Kreditinstituten, Förderstellen und den Industrie- und Handelskammern.

- Sie wollen wieder in einem Angestelltenverhältnis arbeiten? Nehmen Sie Kontakt mit Headhuntern auf, bringen Sie Ihren Lebenslauf und Ihre Bewerbungsunterlagen auf den neuesten Stand. Recherchieren Sie, welche Jobbörsen im Internet für Sie die besten sind.

- Schauen Sie sich Ihr Netzwerk an: Wer kann Sie unterstützen, wer kann wichtige Kontakte vermitteln?

- Schicken Sie die ersten Bewerbungen noch während Ihrer Auszeit los.

Das Allerwichtigste jedoch ist Ihre innere Einstellung. Wenn Sie nicht an sich selbst glauben, dann werden Sie mit großer Wahrscheinlichkeit scheitern. Lassen Sie Revue passieren, was Sie bereits alles in Ihrem Leben geschafft und welche Schwierigkeiten Sie bereits gemeistert haben. Sicherlich gehören hier auch Erlebnisse während der Auszeit dazu, aus denen Sie Kraft und Selbstbewusstsein ziehen können.

Umgang mit Auszeiten im Lebenslauf

Abitur mit 1,5 – Ausbildung mit Auszeichnung – Aufbaustudium mit tollen Noten absolviert – erster Job bei der Nr. 1 in der Branche – vom Trainee zum Projektleiter in Rekordzeit – und dann: PAUSE! Viele fürchten die Lücke, die eine Auszeit in ihren sonst so geradlinigen und leistungsorientierten Lebenslauf reißt. Dabei muss eine Auszeit in den Augen zukünftiger Arbeitgeber gar nichts Negatives sein. Im Gegenteil: Wenn Sie sie geschickt etikettieren, dann kann sie sogar Türen öffnen, die Ihnen sonst verschlossen geblieben wären. Wie dieses Selbstmarketing im Hinblick auf Lebenslauf und Vorstellungsgespräch funktioniert, erfahren Sie hier.

Nach einer längeren Elternzeit

Für jedes dritte Kind beziehen heute sowohl der Vater als auch die Mutter Elterngeld, weil sie sich Elternzeit nehmen. Mütter verbringen im Schnitt 12 Monate mit dem Nachwuchs. Bei Vätern ist die Elternzeit deutlich kürzer: Sie liegt im Schnitt bei zwei bis drei Monaten. Diese Statistik aus dem Jahr 2014 zeigt, dass die Pause dem Nachwuchs zuliebe – wenn auch in kürzerer Form – auch unter Vätern immer üblicher wird. Elternzeit zählt dementsprechend zu den ganz normalen Jobunterbrechungen und muss daher auch weder kaschiert noch schöngeredet werden.

Allein bei sehr langen Pausen vom Job – so z. B., wenn die Elternzeit für mehrere Kinder hintereinander genommen wurde

– sollten Sie etwas Maniküre im Lebenslauf betreiben, wenn Sie auf der Suche nach einer neuen Stelle sind. Schildern Sie, was Sie alles in dieser Zeit so ganz nebenbei geschafft haben. Es findet sich sicher etwas, das auch berufliche Relevanz haben kann.

BEISPIEL

> Haben Sie sich nebenbei im Fußballverein Ihres Sohnes als Vorstand, Kassenwart oder Übungsleiter engagiert? Haben Sie Mal- oder Bastelworkshops in der Volkshochschule geleitet? Haben Sie eine Elterninitiative zur Kinderbetreuung mitgegründet, sich um Flüchtlinge gekümmert oder für das Unternehmen Ihres Mannes die Buchhaltung erledigt? Haben Sie Seminare oder Kurse besucht oder Sprachen gelernt, die jobrelevant sind?

Genau solche Dinge gehören in Ihre Vita, denn sie zeigen Ihr Organisationstalent und Ihr Engagement.

Im Bewerbungsgespräch wird sicherlich zur Sprache kommen, wie Sie sich und Ihre Familie organisiert haben, um wieder arbeiten gehen zu können. Bereiten Sie sich auf entsprechende Fragen vor, damit Sie überzeugend darlegen können, dass Sie, auch wenn Ihre Kinder mal krank sind oder schulfrei haben, trotzdem für den Job zur Verfügung stehen.

BEISPIEL

> »Das bekomm ich schon irgendwie hin!«, ist kein überzeugendes Statement.
>
> Besser: »Das habe ich bereits geregelt. Meine Mutter wohnt 15 Minuten entfernt und hat sich bereiterklärt, in solchen Fällen einzuspringen.«

Nach einer Pflegeauszeit

Wer andere pflegt und dafür seinen Job zumindest zeitweise an den Nagel hängt, offenbart vor allem zwei Dinge über sich: Verantwortungsbewusstsein und Belastbarkeit. Und genau diese Dinge sind es, die sich auch Arbeitgeber von Mitarbeitern wünschen. Wenn Sie nach einer längeren Pflegephase wieder in den Beruf zurückwollen, können Sie dies daher ganz gut für das Marketing in eigener Sache nutzen.

Lediglich einen Stolperstein sollten Sie ganz bewusst aus dem Weg räumen, wenn Sie sich bewerben: Ihr Arbeitgeber möchte natürlich, dass Sie Ihre Zeit und Ihre Gedanken ganz Ihrem Job widmen. Er sieht es deswegen skeptisch, wenn die Situation, die damals zur Pflegeauszeit geführt hat, immer noch besteht.

BEISPIEL

Nora Link hat drei Jahre im Job pausiert, um sich ihrem 14-jährigen Sohn Jan zu widmen, der nach einem Unfall erblindet ist. Mittlerweile kommt Jan mit seiner Beeinträchtigung zurecht. Er geht ganztags in eine Blindenschule und ist dort nach anfänglichen Schwierigkeiten gut integriert. Auch die Familie hat gelernt, mit der neuen Situation umzugehen – nicht zuletzt wegen eines Blindenhundes, der Jan zu Hause und unterwegs unterstützt. Nun will Nora wieder in ihren Beruf zurück. Sie bewirbt sich bei möglichen Arbeitgebern in ihrer Region und erhält daraufhin eine Einladung zum Bewerbungsgespräch. Der Leiter der Personalabteilung sagt: »Frau Link, ich lese, dass Sie sich jahrelang intensiv um Ihren erkrankten Sohn gekümmert haben. Das war und ist sicher keine einfache Situation. Ich hoffe, es geht ihm jetzt wieder besser?«

Werden Sie wie Frau Link aus dem Beispiel im Bewerbungsprozess mit Fragen nach Pflegebedürftigen konfrontiert, steckt dahinter sicherlich auch Anteilnahme, daneben aber noch mehr: Ihr neuer Arbeitgeber will herausfinden, ob Sie immer noch mitten in der Pflegesituation stecken und vielleicht deswegen oft ausfallen werden. Nehmen Sie ihm diese Befürchtung, indem Sie ihm Ihr Organisationskonzept präsentieren.

FORTSETZUNG DES BEISPIELS

> Frau Link könnte antworten: »Mein Sohn wird leider nie wieder sehen können. Trotz seiner Beeinträchtigung kommt er sehr gut und eigenständig im Alltag zurecht – vor allem dank professioneller Hilfe in der Ganztags-Blindenschule und natürlich seines Blindenhundes.«

Nach einem Sabbatical

»Hm, ein halbes Jahr Pause – fragt sich, warum: Burn-out ... Arbeitslosigkeit?«, »Ach, schau mal, da hat sie offensichtlich gar nichts getan ...« – Sie sollten darauf achten, dass sich Annahmen wie diese erst gar nicht in den Köpfen der Personaler festsetzen. Sie riskieren sonst, dass Ihre Bewerbungsunterlagen auf dem Stapel »Nicht interessant« landen.

> Unterschlagen Sie Auszeiten im Lebenslauf auf keinen Fall. Personalabteilungen prüfen in der Regel sehr genau, ob die Daten in der Vita mit denen in den Zeugnissen übereinstimmen.

Sabbaticals sind im deutschsprachigen Raum immer noch die Ausnahme, auch wenn sie sich mehr und mehr in Unternehmenskulturen verankern. Nun verhält es sich leider in der Regel so: Je unbekannter etwas ist, desto erklärungsbedürftiger ist es, wenn man es tut. Nur sehr selten wird es so sein, dass man während einer Auszeit einfach auf der faulen Haut liegt und sich ausruht. Überlegen Sie daher: Was haben Sie während Ihres Sabbaticals gelernt oder sich erarbeitet, das einem Arbeitgeber nutzen könnte?

BEISPIEL

> Schreiben Sie also nicht einfach: »10/2017 bis 10/2018: Sabbatical«, sondern: »Mitarbeit in einem Bauprojekt zur Inklusion von Menschen mit Behinderung in Chile«, oder: »Work and Travel in Südamerika mit Intensiv-Sprachkurs und Tätigkeiten als deutschsprachiger Reiseleiter sowie als Nachhilfelehrer für Schüler der International School«.

Denken Sie hierbei auch an die sog. Soft Skills, also diejenigen Fähigkeiten, die eher im zwischenmenschlichen oder sozialen Bereich angesiedelt sind, wie z. B. Durchsetzungskraft und Durchhaltevermögen. Damit lässt sich vor allem im Vorstellungsgespräch punkten, denn die meisten Arbeitgeber legen inzwischen bei ihren Mitarbeitern besonderen Wert auf solche Kompetenzen.

Auch eine berufliche Umorientierung, so z. B. ein Jobwechsel, lässt sich mithilfe eines Sabbaticals gut erklären.

BEISPIEL

Fabian Moser ist seit nunmehr fünf Jahren Senior-Projektleiter bei einem großen deutschen Uhrenhersteller. Nach drei Monaten Sabbatical, die er unter anderem in einem Benediktiner-Kloster verbracht hat, ist ihm klar: Dieser Job ist nichts mehr für ihn. Er bewirbt sich in einer kleinen Uhrenmanufaktur. Auf die Frage des Unternehmensinhabers, warum er sich die Dreimonatsauszeit genommen hat, erwidert er: »Ich habe gemerkt, dass mich die Arbeit bei meiner alten Firma immer mehr stresste und belastete: Es ging nur noch um die Optimierung der Produktionsprozesse und nicht mehr um die Uhren, also das Produkt an sich. Die Auszeit, vor allem mein Aufenthalt im Kloster, hat mir klar vor Augen geführt, was ich in all der Hektik in meinem alten Job nicht sehen konnte: Es ist Zeit für eine neue berufliche Herausforderung, für etwas, das mich mehr erfüllt.«

Je länger Sie bereits berufstätig sind, desto leichter lässt sich eine Auszeit erklären, vor allem, wenn sie nur ein paar Monate andauerte. Anders sieht es mit einem Sabbatical aus, das sich an eine sehr kurze berufliche Phase anschließt. Haben Sie z. B. bereits nach zwei Jahren Arbeitsleben eine längere Pause eingelegt, besteht sowohl im Lebenslauf als auch im Vorstellungsgespräch besonderer Erklärungsbedarf. Stellen Sie dar, wie Sie davon auch beruflich gesehen profitieren konnten, so z. B. durch Vertiefung der für den Job benötigten Fremdsprachenkenntnisse oder durch Tätigkeiten, die Sie in dieser Zeit ausgeübt haben.

Nützliche Adressen

Elternzeit und Elterngeld

Informationsportal des Bundesministeriums für Familie, Senioren, Frauen und Jugend (mit Elterngeldrechner):
www.familien-wegweiser.de

Mutterschaftsgeldstelle beim Bundesversicherungsamt:
www.bundesversicherungsamt.de/mutterschaftsgeld.html

Pflege

Informationsportal des Bundesministeriums für Familie, Senioren, Frauen und Jugend:
www.wege-zur-pflege.de

Bundesamt für Familie und zivilgesellschaftliche Aufgaben – zuständig für Darlehensvergabe bei Pflegeauszeit:
www.bafza.de

Gemeinnützige Stiftung »Zentrum für Qualität in der Pflege« (Wissens- und Adressdatenbank rund um die Pflege):
www.zqp.de

Sabbatical

Bundesministerium für wirtschaftliche Zusammenarbeit und Entwicklungshilfe:
www.bmz.de/de/mitmachen

Informationsportal für Freiwilligenarbeit:
www.freiwilligenarbeit.de/volunteer-projekte.html

Stichwortverzeichnis

Impressum

Bibliografische Information der Deutschen Nationalbibliothek
Die Deutsche Nationalbibliothek verzeichnet diese Publikation in der Deutschen Nationalbibliografie; detaillierte bibliografische Daten sind im Internet über http://www.dnb.dnb.de abrufbar.

Print: ISBN: 978-3-648-10756-0   Bestell-Nr.: 10746-0001
ePub: ISBN: 978-3-648-10758-4   Bestell-Nr.: 10746-0100
ePDF: ISBN: 978-3-648-10757-7   Bestell-Nr.: 10746-0150

Anja Mumm, Nicole Jähnichen
Auszeit vom Job – Elternzeit, Pflegezeit, Sabbatical & Co.
1. Auflage 2018

© 2018, Haufe-Lexware GmbH & Co. KG, Munzinger Straße 9, 79111 Freiburg
Redaktionsanschrift: Fraunhoferstraße 5, 82152 Planegg/München
Internet: www.haufe.de
E-Mail: online@haufe.de
Redaktion: Jürgen Fischer

Konzeption, Realisation und Lektorat: Alexandra Kittke, www.textundwerk.de
Umschlagentwurf: RED GmbH, Krailling
Umschlaggestaltung: Kienle gestaltet, Stuttgart
Satz: Reemers Publishing Services GmbH, Krefeld
Druck: Beltz Bad Langensalza GmbH, Bad Langensalza

Alle Angaben/Daten nach bestem Wissen, jedoch ohne Gewähr für Vollständigkeit und Richtigkeit.
Alle Rechte, auch die des auszugsweisen Nachdrucks, der fotomechanischen Wiedergabe (einschließlich Mikrokopie) sowie der Auswertung durch Datenbanken oder ähnliche Einrichtungen, vorbehalten.

Die Autorinnen

Nicole Jähnichen

begleitet seit über zehn Jahren Autoren und Verlage als frei-
berufliche Lektorin und Projektmanagerin beim Entstehen von
Ratgebern und Fachbüchern. Davor war die Volljuristin lange
Zeit bei einer großen Mediengruppe als Chefredakteurin be-
schäftigt. Auszeiten kennt sie nicht nur auf dem Papier. Als
Coach von Autoren, die sich eine Pause nehmen für das eigene
Buch, und als Mutter von zwei Kindern, weiß sie, wie wichtig es
ist, solche Lebensphasen richtig zu planen und zu organisieren.

Anja Mumm

ist Diplom-Betriebswirtin und war lange Zeit im kaufmännischen
Umfeld tätig. Seit vielen Jahren unterstützt sie als systemisch ori-
entierter Coach, als Mentorin und Sparringspartnerin Menschen
und Teams in der beruflichen Entwicklung. Ziel ihrer Arbeit ist es
vor allem, Kommunikationsbarrieren abzubauen, Kompetenzen
auf die Problemlösung zu fokussieren und den Blick für die Ge-
staltungsspielräume des eigenen Lebens und Wirkens zu weiten.
Anja Mumm verfügt über zahlreiche Zusatzqualifikationen, u.a.
ist sie zertifizierter Senior- und Lehrcoach, NLP Business Master,
sowie zertifizierte Reiss-Profil®-, Profilingvalues®-, 9levels of
values®-Trainerin und Burn-out-Beraterin.

HAUFE.

BESSER ABSCHALTEN

256 Seiten
Buch: € 9,95 [D]
eBook: € 3,99 [D]

Zeitdruck, hoher Leistungsanspruch, Perfektionismus, familiärer Druck - Stressfaktoren gibt es viele. Dieser TaschenGuide zeigt Ihnen, wie Sie trotz hektischem Alltag gelassen und souverän bleiben.

Jetzt bestellen!
taschenguide.de
(Bestellung versandkostenfrei),
0800/50 50 445 (Anruf kostenlos)
oder in Ihrer Buchhandlung

Wissen to go!

TaschenGuides.
Schneller schlauer.

Kompetent, praktisch und unschlagbar günstig.
Mit den TaschenGuides erhalten Sie
kompaktes Wissen, das Sie überall begleitet –
im Beruf und im Alltag.

Mehr Informationen zu den TaschenGuides
finden Sie auf www.taschenguide.de

Jetzt bestellen!

www.haufe.de/shop (Bestellung versandkostenfrei)
oder in Ihrer Buchhandlung